山南文史资料选辑

（第三辑）

山南地区政协文史资料编委会 编

西藏人民出版社

山南地区政协《文史资料选编》编审委员会名单

目　录

雅砻三圣殿

结萨拉康

位于泽当以西2千米处的结萨拉康佛殿是前来山南朝圣者首先要朝拜的圣迹,因此称为“雅砻圣迹之门”。

此佛殿是10世纪时期由君王沃松出资修建的(也有结萨拉钦修建之说),后来由他作为主要出资者兴建了佛殿的主供佛像响铜大日如来佛像,此佛像系西藏最大的响铜佛像,这是众学者所公认的。

此佛殿有一个与众不同的特点,那就是佛殿墙壁底薄顶厚。关于这个现象有一个优美的故事。据说,最初修建此佛殿时,木匠和石匠不和,石匠故意把墙砌得向外倾斜,目的是为难木匠,让木匠制作好的栋梁长度不够。但是,木匠并非等闲之辈,他在砌好的墙里面又重新砌了底子薄顶端厚的墙,以自己的聪明才智战胜了石匠,此佛殿也成为独具特色的建筑。

此地叫结萨(意为鸟落处)的原因是,传说很久以前,藏历四月十五的那天,在结萨拉康附近的树林里飞落一只人们从来没有见过的鸟,此鸟体形美丽,声音婉转。当地人都前来观赏,相互问:“这是什么鸟,叫什么名字? ”人群中的一位画家说:“这是画中出现过的鸟王杜鹃。”

这是杜鹃首次从门隅地区来到泽当,从此每年藏历四月十五日由结萨地方的更波(差头)负责,在此树林里摆设坐垫、台子、麦子酥糕、茶酒食品等,迎接杜鹃。山南地区的首领、西藏地方政府的代表等僧俗官员每年都要前来参加这个隆重的仪式。

让人感到惊奇的是,杜鹃刚好这一天飞落到此树林的一棵大树上,于是这个地方和村庄叫结萨,位于该地方的佛殿也叫结萨拉康。

昌珠拉康(即昌珠寺)

位于泽当以南 3 千米处的昌珠佛殿是松赞干布于公元 7 世纪中叶修建的，是西藏十二镇魔寺中的第一座,故称西藏第一座佛殿。具有 1300 多年的历史,是雅砻三座佛殿之一。当时,松赞干布准备修建拉萨大昭寺,请文成公主堪舆地形。文成公主用五行算法进行勘察,发现西藏地形为罗刹女仰卧状,为了顺利建立大昭寺,需要在罗刹女的八个关节和手脚掌心处各修建一座佛殿。为此,赞普首先来到雅砻,欲填平一小湖修建昌珠寺。但是,此湖中住有一条毒龙。松赞干布为了制伏此毒龙,来到贡布日山的松赞修行洞,修习马头明王,出现了殊胜的得道征象。于是,松赞干布变化成一只大鹏，飞向空中,响起如雷声一般的巨响,连大地也震动起来。人们都吓得叫道:“哎呀呀,今天有一只以前没有见过的像鹤鹰一样的鸟,叫声像雷声”,叫喊着纷纷躲起来。大鹏鸟用匕首一样的翅膀削断了毒龙的头,湖水也随即干涸。在此修建的佛殿,取名昌珠(鹤鹰雷),而且后来该村庄也叫昌珠。

松赞干布和文成公主长期住此佛殿,他们住过的寝室和文成公主使用过的炉灶等, 至今仍得留在此供人朝拜。他们二人夏季住在雍布拉康,冬天住在昌珠寺。所以,雍布拉康和昌珠被称为夏宫和冬宫。

昌珠寺中的主要佛像是从贡布日山上迎请来的天然形成的五部佛石像,另外,还有著名的珍珠卷轴布画、赤金质地的莲华生大师像、无价之宝刺绣卷轴旧画等。

赞塘玉益拉康

位于泽当西南方向 5 千米处的赞塘玉益拉康是公元 8 世纪由赞普赤热巴坚的王后白吉阿崔修建,后来得到不断扩建。

此佛殿叫玉益拉康(碧玉佛殿)有三个理由:一是以前此佛殿有美丽的碧玉屋顶;二是,佛殿四周有碧绿的草坪;三是,俗话说黄色的金子有价值,绿色的碧玉无价宝,从价值角度取此名,以赞颂此佛殿。

此佛殿主供大日如来及师君三尊等。雅砻三佛殿的主供都是大日如来佛,所不同的是,结萨拉康的主供大日如来像质地为响铜, 昌珠拉康主供的大日如来像为石刻,赞塘玉益拉康主供大日如来像为药泥。另外,赞塘玉益拉康又叫“四门佛殿”,因为佛殿的四面都有门。在佛殿后面还有西藏第一位赞普聂赤赞普最初到达的拉日绛妥神山以及聂赤来时天然形成的石阶等，因此，赞塘玉益拉康和赞塘村在西藏历史上具有很重要的位置。

雅砻三圣塔

达坚佛塔

位于泽当正南方向20千米处的达坚佛塔对疾病尤其是对眼疾具有治疗功能,因为此塔内装藏有常啼菩萨的一只眼睛。

据说,想起六道众生的痛苦,常啼菩萨心中生起对轮回世界的厌离之心,经常泪流满面,因此叫常啼菩萨。虽然常啼菩萨经常哭泣,但是由于谛力不会损伤他的眼睛,而且由于此眼睛的加持,对所有眼疾都有益处。

另外,在塔身上画有一只眼睛,朝拜者视此眼睛为常啼菩萨的真眼来信仰,这是为了得到更大的加持。

据说孕妇经常绕着雅砻三塔转圈,对母子平安有很大好处。

次久佛塔

位于泽当西南方向5千米处的次久佛塔,又称作次举塔。实际上应该是次久塔,理由是在此塔上有一块与众不同的圆石,这是莲华生大师亲自加持过的石头,以前这块石头还常常有水流出。在藏区很多圣地都有从泉眼或岩石中流出来的长寿水，但是没有见过一块圆石上流出无源之水的。这是整个藏区独一无二的长寿水，人们都感到神奇，用虔诚的心来饮用此长寿水。

后来，次久塔遭到破坏，一个村民把此石头搬回家，用来磨鼻烟，结果鼻烟都变成了泥巴。

目前，信徒又把此石头送回长寿塔的原处，不过除了偶尔出长寿水外，平时不见水。但是绕着此塔转圈肯定能延长寿命，对此人们坚信不疑。来自四面八方的朝拜者络绎不绝。

贡塘佛塔

位于泽当正南方向 14 千米处的贡塘佛塔又叫除障塔，因为除盖障菩萨所撒青稞落到此塔坐落之处，所以，绕着此塔转圈能消除业障和知识障、烦恼障。此塔在信徒心目中是有大加持的宝塔。很多信徒说绕塔转圈与接受一位大师洗礼的感觉是一样的。

如果孕妇绕着此塔转圈，母子能得到平安；老人转塔，能焕发青春；青年男子转塔，能增长勇气：青年女子转塔，能容颜变美。凡此种种说法都说明此塔确实有消除业障之功能。

另外，此塔名字又称作桂塘塔（意为雄鹰塔）。此名也有其解释：以前有一商人罗布桑布来到此地时，他的坐骑累了，就地休息。当时，一只雄鹰落在坐骑背上，商人认为不吉利，就拿箭去射，雄鹰带着箭飞向西扎山上的老鹰巢，结果由于身上有箭，无法进去，西扎修行洞的掌灯师见此状况，就把箭拔出来，老鹰进入巢穴。掌灯师把箭挂在西扎岩洞的门上。过了一段时间后，商人罗布桑布来到西扎岩洞朝拜，见到自已的箭后，心里产生强烈的出离心，他修建了桂塘塔以表忏悔，商人还把像鹦鹉一样大的自已的魂玉装藏在塔中。因此，此塔又名桂塘塔。

另外，还有说法，在赞普拉德时期，在桂塘扎米地方修建了一座小塔，塔内装藏有至尊度母的化身鹦鹉收藏起来的魂玉和舍利，由弥底开光。后来形成了这座大塔。

总之，人们一直传说，达坚塔有利于眼睛，次久塔能廷长寿命，贡塘塔能消除业障，此三塔具有特殊的功能，故称为“雅砻三宝塔。”

雅砻三圣洞

贝如修行洞

虽然雅砻地区有很多岩洞，但是，为何贝如修行洞和热琼修行洞、西扎圣洞称为雅砻三修行圣洞，因为贝如修行洞内大译师贝如杂那获得语成就，在热琼修行洞内瑜伽师热琼获得身成就，在西扎修行洞内莲华生大师获得意成就。如此，在此三圣洞内三位圣人获得身、语、意三方面成就故有“雅砻三修行圣洞”的美称。

距离泽当3千米处的贝如洞是赞普赤松德赞时期吐蕃大翻译家贝如杂那修行的地方，后来此岩洞也叫贝如杂那修行洞，成为一处著名的圣地。

莲华生大师知道贝如杂那在此修行后，为了考验贝如杂那，莲华生大师让岩洞内的岩石往下掉落。贝如杂那用右手和左脚推开岩石，用头往上顶岩石。莲华生大师相信了贝如杂那的神通，说：“贝如杂那与我莲华生一样。”另外，贝如杂那在此修行时亲见文殊菩萨，获得语言和智力成就。因此，贝如杂那在桑耶翻译佛经时，其智慧超群，无与伦比。

据说，后来者若在此洞修行或经常来朝拜此洞都能获得成就。不仅如此，贝如杂那在此岩洞实践因乘般若波罗蜜多和果乘密咒金刚乘，现证成就，因此此洞自然聚集着人身中的脉、风、明点。

后来，反佛恶臣向赞普进谗言，赞普就把贝如杂那放逐到甲摩擦绒地区。贝如杂那向80岁的邦坚桑杰贡布传授秘诀，邦坚桑杰贡布通过修炼密法，获得成就，活到172岁，而且获得虹身。

在贝如岩洞还可以拜谒到一些自然形成的佛语《甘珠尔》和自然形成的骑狮护法神面具等。

热琼修行圣洞

位于泽当正南方向12千米处的热琼修行圣洞是11世纪米拉日巴的大弟子热琼修行的岩洞。“米拉”是家族名，“日巴”（又写作热巴）是因穿白色单布衣而得名，真名为“推巴噶”（闻喜）。是身着白色布衣的噶举派瑜伽行者。“热琼”就是穿白布衣的小师父，因为他是米拉日巴的弟子，故有此称。

热琼巴在此洞修行时亲见妙音仙女，获得成就，其身材长相都变得十分俊美。

热琼巴修行获得成就后，手持拨浪鼓，唱着动听的道情歌，云游各地朝拜、化缘。有一次，他来到泽当镇，一个富裕人家的女子正在挤牛奶，热琼巴在女子不远处坐下来摇响拨浪鼓。结果惊了奶牛，牛奶撒了一地。女子气得追打热琼巴。女子见热琼巴英俊无比，就请他到家中做客。热琼巴说：“我在上师米拉日巴尊前发誓不进俗家。”那女子却不罢休，在别人的帮助下，在房子后面架起梯子，硬请热琼巴上楼。

然后，女子欢天喜地地跑进厨房准备酥油茶和点心，热琼巴知道情况不妙，就从梯子下去，跑向娘古码头。到了娘古码头，舵手索朗巴珠说："你好像很会唱道情歌，如果你想渡过去，你就唱歌赞美我的这只船。"热琼巴唱到："今天热琼来娘古码头，按照船主命令唱三赞歌，娘古码头似上师法坛，索朗巴珠像根本上师，诸位旅客像求法人士。"大家听了以后都很高兴。索朗巴珠又说："那么，你再唱一支贬低我们船的歌。"于是热琼巴清了清嗓子唱道："今天热琼来娘古码头，按照舵手命令唱贬低歌，娘古码头好像屠宰场，索朗巴珠好似刽子手，诸位旅客犹如寿尽羊。"舵手气得不摆渡热琼巴。此时，泽当的那个女子也追过来了。热琼巴依靠神通，拿一方皮垫当船，白手杖当桨，热琼自己做舵手。一会工夫就摆渡到雅鲁藏布江对岸。到达彼岸，热琼巴抖了抖四方的皮垫子，于是，此地生长出很多柽柳，这就后是现在此地方与众不同的柽柳林。

西扎圣洞

位于泽当正西方向 5 千米处的西扎圣洞犹如护卫雅砻西大门的大力士，与守护东大门的贡布日山遥遥相望，西扎岩洞位于离西扎山顶不远处，公元 8 世纪时，莲华生大师曾在此洞长期修行，故具有大加持。据载，莲华生大师在此圣洞修行时，在外有如云的空行、护法神众，在内役使骑狮护法神如使唤奴隶，并在此圣洞内现证成就，成为一名神通变化无碍者。

西扎圣洞的主供像是莲华生大师的见解脱像。此像由莲华生大师的弟子二十五君民之一的玉扎宁布的化身法主都垂热钦（或名众生怙主藏巴加热益西多吉）铸造，据说都垂热钦在西扎山脚下的赞塘娘堆岗熔炼各类天人珍宝铸造莲华生大师像的下半身时，上半身从空行刹土飞落。此像目前供奉在昌珠寺顶楼。具有700多年的历史。

另外，西扎寺最初由都垂热钦修建，后来成为林热噶举（即主巴噶举派）的密咒寺，在五世达赖喇嘛时期成为宁玛派的多吉扎寺的属寺，得到了进一步的扩建。

此寺的主供有莲华生大师的袈裟、萨霍尔王所供的莲华生大师帽子、鞋子、婆罗门七世灵肉、有把柄的海螺、莲华生大师曾用来盛五百尅青稞酿造的酒的颅器、一天然形成的梵文啊字、莲华生大师在雄巴拉曲挖掘神水时所用的手杖等无价之宝。

在西扎圣洞左右和上下有许多奇特的岩洞，很多圣人曾在这些岩洞修行过。尤其是雅砻西扎的天葬台是莲华生大师亲自加持过的天葬台，据说尸体在此天葬，死者不堕三恶趣，而转生三善趣。在史书中记载：“桑耶钦普、雅砻西扎山、耶巴月洞等三天葬台，同于印度清凉天葬台，死者能生空行大刹土。”

神奇的羊湖 独特的民俗

——羊卓雍湖奇异景观与民俗文化

桑学巴·贡觉云丹

雪域三大圣湖之一的羊卓雍湖全名叫“吉祥羊卓雍错秋莫湖”,位于“卫”、“藏”交界处、旧时为西藏十三万户羊卓万户属地、现处西藏自治区山南地区浪卡子县境内。浪卡子县现辖有8乡2镇,此地山高水清,系半农半牧区。因牧业优于农业,故名“羊卓(高山牧地)”;因羊卓雍湖碧蓝清澈犹似蓝宝石,又谓之为“雍错(松耳石湖)”。据藏传佛教史料记载,该湖外观具有抵御瘟疫、饥荒之麻蝎的法力,内藏丰富的供品,极富加持福力,因之成为芸芸众生虔诚崇拜的魂湖。从科学角度讲,该湖不仅对羊卓地方,而且对以“卫”、“藏”为主的全西藏地区起到很好的“空调”作用,实为农牧民群众脱贫致富的益友,故而得名“秋莫(富庶)——羊卓雍错秋莫湖”。

羊卓雍湖水由春季的冰雪融化之水、夏季的雨水、秋季的泉水和冬季的雪水汇流而成。据藏传佛教史料记载,古时该湖叫“怒错”,曾分为9个小湖,相传莲华生大师明妃之一空行母益西措杰担心湖中许多生灵干死,把7两黄金抛向空中并祈愿、诵咒,从而把所有小湖连为一体,改名为“羊卓雍错”,其形似莲华生的手持铁蝎。但根据科学家勘查,很久以前此湖是一条流动的河流,自闻名全藏的嘎玛林草原到格桑桥。后来随着地质运动的不断变化,渐渐成了著名的内陆湖。湖面海拔4441米,湖水面积约为800平方千米,湖岸线长达近万米,每年春夏两季,众多藏族善男信女成群结队地到此转湖。据民间传说,骑马绕湖走一圈需18天时间。湖水深度一般在20~40米,最深处(湖东面和中央)达60米。总之,羊卓雍湖风景区极富奇特而神秘的色彩。这里,山中有湖,湖中有岛,岛上有庙,而每座岛都有一个个神秘而动人的故事。峻峭的岩崖、清清的河流、终年不化的雪山、长满草药的草甸、可爱的野生动物、肥壮的牛羊、骏美的坐骑、医治百病的温泉、独特的民族手工艺、打隆边贸会、古老的歌舞、跑牛射箭、著名的羊卓干酥肉、糌粑油糕、民曲神舞、翠绿的桦柏、成群的飞禽等自然景观和名胜古迹、农牧业生产、物色产品、文化娱乐、风俗民情等人文景观,在这里融为一体,构成了世界屋脊上罕见的“人间天堂”。

令人神往的自然风光

当您从圣地拉萨前往羊卓雍湖观光旅游,登上“卫”、“藏”分界处的岗巴拉山顶后,首先映入眼帘的是四季常蓝的羊卓雍湖。下山来到扎玛龙村时,您会看到羊卓雍湖旅游接待站。在这里乘坐牛皮筏或游船到湖中观光,您可以饱览羊卓雍湖的美景。从湖中远眺,您可将几十块形似各类动物的“羊羔岛”、“马蹄岛”、“奶牛岛”、“犀牛岛”、“沙狐岛”、“鹿母鹿子岛”等等形成的大小各异、错落有致的岩崖、盘石尽收眼底。生长在这些奇形怪状的岩石缝中的松柏苍翠欲滴，伸展着婀娜多姿的枝桠。静谧、寂寥而无任何天敌，每年春季的藏历四月份，黑颈鹤、斑头雁、赤麻鸭、沙鸥和各种水鸟成千上万只在这里忙忙碌碌地繁殖自己的后代，因此，人们将这里叫做“贡地”——蛋庄，被视为鸟类繁衍生息的绝妙佳境。羊卓雍湖中大小不等的“贡地”八九处，在这里主要介绍“色岛贡地”。此蛋庄面积并不大，据说只有几千平方米，站在对岸码头远望，只觉得在前面“水天相连”处有一个并不十分耀眼的灰白小山，山上隐约有一些类似蚊子的东西在飞舞。坐在通往蛋庄的船上，那感觉真是“山几重，水几重，山环水绕画中行；醉几分，醒几分，人间天上不是梦”。看到这种美景，同船的人也都个个惊叹，人人称奇。有的在不停地拍照，有的却情不自禁地将手伸入水中，掬一汪湖里的清泉贴上自己的脸颊和前额。不知不觉，船已接近蛋庄。听到发动机的轰鸣，看到众多的不速之客，鸟儿们早已惊起一片。只见整个鸟岛上空遮天蔽日，数千只斑头雁、上万只沙鸥凌空而起，那场景、那气势就是鸟饲养员也会为之惊叹。登上蛋庄前，陪同的色岛村村长不停地提醒游客，千万小心，以免踩着小鸟或鸟蛋。可是蛋庄不久还是有人发出惊叫，不慎踩着了鸟蛋，弄得大家提心吊胆。因为蛋庄上的鸟蛋实在太多，那场景简直比专业饲养场壮观得多，有的地方甚至难以下脚。一堆堆的鸟窝，很不规则地分布在蛋庄的乱石滩上，或三五成群，或聚落成片。

坐落在“鹿母鹿子岛”上的云布多寺，全名叫“沃门桑钦秩却德钦林”，寺中一块盘石上有二十一尊度母自显像。相传莲华生大师曾在此处修行数月之久，并降伏了夜叉岗娃桑布（位于浪卡子县与江孜县交界处的宁金岗桑雪山）。这座寺庙在东面山顶上有25位法王魂树的25棵柏树，其东面有莲华生大师的卧洞，南面有莲华生大师明妃之一空行母益西措杰修行洞，令人惊奇的是这两个山洞之间通过一条暗道相互间可以闻到对方熏燃的香草气味。该寺四周有四天王自显像，西面还有莲华生大师及二位明妃的自显像，自显六字真言和百字真经亦很多，不仅如此，湖中尚有福泽宏大的莲华生大师手印，倘若是一位幸运的拜谒者，就能从碧蓝的湖水中清晰地看见白如海螺的莲华生大师手印。云布多寺相传公元16世纪由仁增·多俄迥乃创建，距今有500多年的历史，系藏传佛教宁玛派寺院，1985年重建该寺，主要建筑有拉让、荣康、杜康、贡康、丹玛康和3层红宫，主供莲华生大师泥塑、释尊、金刚持等佛像。

从这里继续往前走，湖边绿绒般的草地上绽放着一朵朵红色的或黄色的花儿，一群群牛羊、马驴在鲜艳的花丛中悠然安详地移动着，将高原牧场妆扮得宛若秀丽的山水画。当走近位于湖畔一座叫曲廓扎的古寺废墟下面的牧民挤奶点，您可美美地、尽兴地品尝羊卓地方的糌粑油糕、新鲜酸奶、手抓羊肉等各种丰富的民间特色食品，还可以亲自体验挤奶、提炼酥油等最古老的牧业生产劳作方式；或骑上马和牦牛，或尽情观赏别具一格的“曲廓孜巴”藏戏队表演的精彩藏戏《曲杰诺桑》，其独特之处有三点：一是开场戏“温巴顿”的面具颜色为黑色，不同于西藏两大戏派的白、蓝色面具；二是服装的颜色或款式与其他戏派不同，具有僧人的色彩；三是演员全部是男性并均为僧人。因此，可称得上西藏独一无二的“寺庙藏戏”，距今至少有800年的历史。

翻过曲廓扎山后，在您眼前展现的是坐落在响达村的扎热桑丹曲林寺，该寺最初于公元1684年由扎热寺第一世活佛扎热热那所建立，最初是一座噶举派的寺庙。后来第四世扎热活佛古桑白玛占堆多吉强任贡嘎县多吉扎寺的住持后进行改宗，从此成为了宁玛派的一座寺庙。

离开此地坐车西行约20千米处，就到明朝时羊卓万户长夏宫所在地——羊卓打隆。按照惯例，每年藏历六月二十二日开始，持续七天时间，在这里举行享誉全藏的打隆边贸会。届时，来自境内各个地区和不丹等周边国家的客商们根据自己所需进行自由交易。随着改革开放的深入，党和国家投入巨资修建了边贸广场和不丹商人的招待所，使古老的边贸焕发出现代的气息。此地建有萨迦“祖拉康”分支寺之一的白塔尔岭曲德寺。相传该寺是达仓译师西热仁钦所建，寺庙主供有塔尔岭能言度母、能言法号（传说有父亲岗坚果纳河与母亲羊卓雍措所生）和许许多多年代久远的加持福力唐卡等贵重文物。若能观赏到一年一度的羊卓地方古老而独有的著名民间歌舞“谐旺”，可获得健康加持，故被人们视为神力。“谐旺”是为庆祝白塔尔岭曲德寺的建立，相传在当地民间古老歌舞的基础上一位名叫

“奔钦昂亮”的羊卓万户长亲自创作的集歌曲、说唱及舞蹈为一体的大型民间表演艺术形式，其基本特点为10个演员组成,分别为八男八女,由一位叫“谢本”的人带头掌握节奏的同时又要负责击打锣指挥的前提下,其余演员以先唱“谐旺”后跳“谐盖”的方式进行表演。其基本动作为四种:一步一跺;二步二跺;四步三跺和“扎西”舞步。如果登上位于镇中央山顶上的相传为托都多吉所修建的打隆“桑阿扎仓”密宗殿废墟处,整个村庄的景观便尽收眼底。

由此出发,穿过大商人罗布桑布的坐骑天力无比的银灰色大象经过都吃力而得名的“朗婆乌塘”大草原、次旺草甸、甲桑桥(汉桥)往西走一程路,您会看到耸立高昂的“玛本扎”(将军岩)山,每个山角都有一座城堡废墟,那就是1904年英帝国主义侵略西藏时，藏军为防御敌军而建造的烽火台。

当来到一条沟谷后下车骑马或牦牛前行,您将到达山清水秀、风景奇特的圣地“岗普”(雪山沟)。宁金岗桑雪峰傲然耸立于群山之中，由雪山流淌出的瀑布高70米、宽30米,俨若擎天大柱、傲然群雄,在阳光的照射下闪现出五色彩虹,蔚为壮观、美丽。神奇的天然湖泊静静地镶嵌其中,传说如果向湖水中抛掷信物,湖水便会奇迹般地显灵,向您预示吉凶祝福。各种大小不一的盘石有着多种神奇的自显佛像,到处生长着一丛丛刺柏、柽柳等灌木,这一带水草丰美而少天敌,是成群的岩羊、黄羊等野生动物栖息的寂静之地;修行者或半路出家者的修行洞透出古朴肃穆的庄严感，倘若您不能到这美丽的地方走一遭将会抱憾终生。假如您有登山、探险的兴趣，此处周围有已向国内外开放的海拔 7191 米的宁金岗桑峰和海拔 6324 米的姜桑拉姆解岗高高地耸立在白云之中。

当您离开此地，乘车向东前往桑顶寺，沿途经过松柏环抱的藏曲村。村前的河中漂游着无数条鱼，您可以不借助鱼钩、鱼网之类的任何器具随意地捕捞。

羊卓桑顶寺建在“卫”、“藏”交界处，系博东巴·西乔列南杰的弟子第一世多吉帕姆(金刚亥母)吉尊·确吉卓美于藏历第七绕迥铁猴年(公元 1441 年)倡建，而后二世多吉帕姆·贡嘎桑姆在仁蚌巴、雅桑万户长和羊卓万户长等人的资助下扩建，五世多吉帕姆卡居白姆维修和兴建了桑顶寺诸佛堂，并新造了佛像、佛塔等，后经历代多吉帕姆不断修葺，逐渐扩建成现在的规模。笔者以前阅读过的许多历史资料中误写成“桑顶寺属藏传佛教噶举派香巴噶举支派”，在这里有必要纠正一下，其实该寺系博东教派，由西藏唯一的女活佛多吉帕姆住持，多吉帕姆女活佛转世传承，至今已传 12 世。其中，二世为六世班禅罗桑丹贝益西的侄女，十二世活佛多吉帕姆·德庆曲珍现为西藏自治区人大常委会副主任。

寺中供有一顶价值无可估量的“乌夏童珍”法冠，据说若能朝拜瞻仰此帽，便能解脱生前生后一切痛苦；另外，女活佛多吉帕姆被认为印度金刚亥母的肉身再现，备受信徒敬仰，该寺的法舞“羌”尤其令广大信徒双手合十，连连称道。因而，以众僧俗人等为主的朝拜者蜂拥而至、络绎不绝。

来到浪卡子县所在地，假如您在此小住一宿，该县旅游接待站一定会满足您的各种要求。现在的浪卡子县址——羊卓地方政治、经济、文化、教育、卫生等的中心，恰巧是历史上五世班禅额尔德尼·洛桑益西为第六世达赖喇嘛剃度授戒并赐予法名为罗桑仁钦仓央嘉措的地方，即以丹增颇章为主要建筑的旧时浪卡子宗址。在这里，您可趁小憩空隙尽情欣赏独特的羊卓服饰表演活动或名震雪域的“羊卓江谐”(羊卓打狼歌)歌舞；如有兴致与当地藏胞一起跳一曲豪放、粗犷、轻盈的“果谐”舞，一定会给您的旅游生活增添难以忘怀的美好印象。

倘若您有闲暇时间，还可以领略一下广袤秀丽的嘎玛林草原风光或白嘴野驴悠悠欢唱、白臀黄羊盈盈劲舞的巴久草原，或与天竺铜色山(莲华生大师所居净土)相媲美的神山“绒布扎日”山，治愈皮炎、关节炎等四百余种疫病的“嘎扎”温泉，千姿百态的“卡热叶郭尔”，修行静地“查玛珍桑”山，犹似松耳石曼荼罗的普莫雍错(此湖中间部分呈凸状)等等秀美的风景。

别具一格的衣食住行

服　饰

就羊卓地区服饰特点而言，大致可分为四个区域：张达、工布学两乡均与贡嘎县接壤，因而该区域的服饰与贡嘎县相似。其基本特点是，春秋季，妇女下身喜欢穿黑色或棕黑色并饰有白道的氆氇裙子，上身内穿各种颜色且带有花纹的丝绸衬衣，外穿领、襟和衿处镶上各色绸子的黑色氆氇马甲，前戴围裙，后戴绣有龙凤、八喜等各种图案的“加布丹”，即有后身围裙之意，脚穿“松巴”鞋，冬季服饰与后藏相似。多却、打隆、浪卡子、阿扎、卡龙、白地等六乡（镇）的服饰均与后藏相似，其主要特点为男女的藏袍都是大襟袍，男式以黑白氆氇为料，领、袖口、襟和衿镶上彩布或绸子，脚穿“松巴”鞋。普玛江塘乡海拔5600米以上，属纯牧区，由于地理位置和自然条件所需，服饰基本相似于藏北地区，男装上身宽大，袖长且宽，系腰带处折起，皮袍下摆到膝盖，女装则身长，上身合体，衣袖适中，系上腰带后裙边垂到脚面。与西藏大有差异的是，男人喜欢穿用不同颜色的毛线编织的方格长统袜及不丹出产的笨重而结实的“果热”皮鞋。卡热乡位于“确莫”雪山脚下，与曲水县色麦乡一江相隔，属纯农区，然而该乡的服饰基本上与拉萨郊区农民的服饰相同，其主要特点为春夏秋季大部分妇女上身内穿各种颜色且带有花纹的藏式丝绸衬衣，外穿无袖藏袍，头戴方格白毛巾，脚穿绿、蓝色胶鞋，入冬季则穿长袖藏袍；男人则喜欢穿白色氆氇长袍，由于天气暖和，一般双袖都系在腰上。

整个羊卓地区的妇女，根据家庭贫富之差，都有用价值不等的珍珠、玛瑙、珊瑚、猫眼石、绿松石等珠宝装饰项链的习惯。在重大节日时，胸前戴着配有名贵“九眼石”项链和金银制造的微型金佛龛即“嘎乌”，头戴珠宝连串的三角形“巴珠”，手腕上喜欢戴金银的镯子外，大部分妇女还喜欢戴海螺镯子。另外，戴金耳环，戴金银戒指是每一位妇女常见的装饰。与妇女相比，男人的装饰较为简单，除了腰上佩戴着精雕细刻的腰刀、火镰、鼻烟壶等生活用具外，每逢佳节时，耳戴金银铜等所制成的圆形耳饰“阿龙”或叫“索吉”的长耳坠，个别男人还喜欢拇指上戴用鹿角、翡翠等做成的扳指“夏瓮”。

改革开放以来，随着广大人民群众生活不断改善，较富裕者中开始流行价格昂贵的，在领子、袖口甚至整件皮袍都镶边的藏东服饰，男装常用豹皮镶饰，以示威严和勇猛。女装多用水獭皮，以示华美与富贵和一种象征性的美。

除以上共同服饰外，在这里着重介绍羊卓地区独有的几种服饰。

“国多鞋”，“国”是“牛皮”的意思，“多”为结实。这种鞋，鞋底用牛皮包起来，底高二寸，腰高至小腿之上，鞋面由红、绿相间的毛呢上用红、黄、绿、蓝等八种颜色的丝线绣花边和花瓣，十分艳丽好看。由于这种鞋保暖、透汗、精致而结实，一般多于冬天穿着，颇受羊卓地区群众喜欢。

“嘎热绣明”，“绣明”为“方格”，“嘎热”为“腰带”，意为方格腰带。羊卓地区张达、工布学等地出产的方格腰带是用五色羊毛织成的，大小长短分为三围、五围、七围和十围四种，其花纹十分精美，编织成远古藏区二钥呈祥、吉祥结、万里长城、莲花宝瓶等各种图案，此编织法叫“加达”，即汉编法，相传是文成公主进藏时流传下来的。由于方格腰带独有的宽度和软硬合适，对孕妇保胎、治疗各种腰病有着独特的作用。系在腰上，能充分显示出古代人的风韵，并且在国内外旅游者中十分畅销。

“白皮褂子”，相似于氆氇制成的藏装，左襟大、右襟小，一般在左襟下钉一个钮扣，领子、袖口、襟和衿镶上黑绒布。其制作方法是，将大小牲畜的皮制革时刮去革上毛及革下浮脂后，不上任何颜色鞣制缝成，属羊卓地区独有的劳动服装，且达隆镇等半农半牧地区较为常见，特别是每逢秋季打场时，成为不可缺少的劳动服装，其特点是，身穿之后，既结实挡风又不扎进青稞芒。此种服装大致可分为三种类型：第一种叫“几嘎”，即用绵羊、山羊等牲畜皮缝制而成，由于皮革柔韧性强，弹性差，不甚结实，很适合小孩及大龄妇女。第二种叫“果轻”，即用牦牛、黄牛等大牲畜的皮缝制而成，由于皮革大而结实，颇受壮年男子的青睐。第三种叫“聂木”，即用香獐、雪豹、岩羊、黄牛等野生动物的熟革缝制而成，其弹性大，极柔软，并且白得像不丹等地所产的白色茧绸。随着改革开放的不断深入，市场上发现了款式新颖、五光十色、适合男女老少、价格实惠的现代皮衣，逐渐取代了过去手工鞣制的白皮褂子。

“乌折帽”，羊卓的帽子式样甚多，男女老少各有不同，不同区域、又花式各异，其中别具一格的是，羊卓地区工布学乡苏格村妇女喜欢戴的“乌折”帽，其之意为，“乌”是“头”的敬语，“折”是“束”的意思。相传此帽是六世达赖仓央嘉措到浪卡子宗拜五世班禅·洛桑益西为其剃度受戒的途中，穿越西藏有名的巴纠大草原时，遇见“棍如”（今指苏格）、“赠如”（今指洞加）两部落头人及牧民们为争夺草原而你死我活地进行争斗，他听两部落头人的诉说后，突然间，他把他的头束放在两部落人中间，左手的拇指指向“赠如”头人，右手的拇指指向“棍如”头人，一言不发就离开了。两部落头人深思许久，才知六世达赖之意。从此，彻底结束了两部落之间的草原纠纷。为了永记这一化干戈为玉帛的日子，后来，"赠如"妇女的发辫放在左边，"棍如"妇女的发辫放在右边，并且"棍如"妇女将相似于当年六世达赖头束的黑氆氇头巾叠成三角形，戴在头上，顶头角象征六世达赖，前后角分别象征"赠如"和"棍如"，虽然这种帽子制作简单，价格低廉，但具有历史意义，因此已形成了现在每逢节假日，是苏格村妇女必须戴的完美的一种独特服饰。其制造方法是，一般先手工纺纱，然后染成黑色，刷毛，缝成两层正方形，两边镶上丝线中混合金线或银线织成的锦缎。

饮　食

在这里主要介绍羊卓地区独有的几种食品。

"岗嘎素细"，"岗嘎"为"白雪"，"素细"指"细糌粑"，故称"白雪糌粑"。羊卓地区卡热乡出产的"白雪糌粑"，在西藏享有盛名，不亚于拉萨地区堆龙德庆县出产的"古荣糌粑"，其特点是，比普通糌粑营养高，颜色雪白，且吃后不胀肚、不拉肚，很适合于幼儿、老人及初次进藏者食用，特别是改革开放以来，随着人们生活水平的不断提高，"白雪糌粑"在拉萨等地农贸市场十分畅销，已成为羊卓地区的拳头产品。其制造方法是，将一种叫"嘎母"的白青稞先用"秋古"(酪浆)洗净，除皮后晒干炒熟，再用水磨磨成细面，即为"白雪糌粑"。

“乃纳干素”，“乃纳”指“紫黑色青稞”，“干素”指“干磨糌粑”。羊卓地区工布学、甘扎、普玛江塘等地专门制作这种糌粑。“乃纳干素”虽颜色较黑，粗细不一，但在纯牧区有独特的用处，既很适合做牛、羊鲜血、内脏及这种糌粑揉成浆后灌肠的“藏式香肠”，又是做羊蹄骨、油肉、萝卜丝、糌粑等混煮“糌土”（糌粑糊羹）的佳品。这种糌粑的制造方法简单，将紫黑色的青稞用水洗涤，炒熟后，用手磨成面，即成粗糌粑。

“羊卓干酥”，“羊卓”为地名，“干酥”为“风干肉”，即产地与产品合称为“羊卓风干肉”。羊卓风干肉，以酥脆可口、味道鲜美而驰名雪域各地。整个羊卓地区，现有的10个乡镇中，除卡热乡外，其余9个乡镇均分布在羊卓雍湖周围，草原面积大，宜养牦牛、绵羊，加之羊卓雍湖湖水碱性大，且地处高海拔、气候寒冷等多种自然因素，形成了出产羊卓干酥的独有环境。羊卓地区9个乡镇均出产风干肉，人们通称“羊卓干酥”。但从严格意义上讲，真正的羊卓干酥出自羊卓地区广袤秀丽的“嘎玛林”草原边的“曲古仲”牧村，该村在白嘴野驴饮着水的隆冬——藏历10份（这时气温均在摄氏零度以下），宰杀牲畜，剔除其骨头后，将带油的生肉拉成小条，不放任何调料，保持原味，挂在阴凉处，让其冰冻风干，既去水分，又保持鲜味，两个月后，方可拿下生食。随着科学技术的迅猛发展，使用真空包装后，不久的将来，“羊卓干酥”将成为赠送国内外亲朋好友的独特礼品。

“羊卓推达尔”，“羊卓”为地名，“推”是“酪糕”，“达尔”

为“砖块”，即“羊卓砖块酪糕”。汉族人喜欢称“三合一糕”。其制作方法是用牝牦牛酥油、细干酪、红糖、白糖等原料揉拌而成。通常人们喜欢用酥油、红糖等在酥酪糕上面雕出“雍仲”等名目繁多的吉祥图案，集丰富的营养与精美的艺术于一体，富于极高的营养价值和观赏价值。也是羊卓地区群众的副食之一。

“羊卓达尔秋”，其意有两种说法，一种说法是，“达尔”根据古藏文有“正方块”之意，“秋”则是“奶渣”，故称“方块奶渣”。另一种说法是，“达尔”有“串联”之意，“秋”为“奶渣”即“串奶渣”，总称“方块串奶渣”。其制作方法是，牧民妇女将奶汁稍微加温，然后倒入叫做“雪董”的大木桶里，边唱歌、边用力将奶汁加入“甲罗”上下抽打，来回数百次提取酥油后的酪浆熬制出奶酪，而后，用石板将带有黏性的奶酪挤压至完全冷却后切成大小相同的若干小方块，再用放有白糖的新鲜牛奶煮至近两小时，用细毛串成 20 块，晾晒近半个月，至此，带有深酥油味的正方块干酪便做成，嚼此“羊卓达尔秋”能生津解渴，实乃外出施行之佳品。

“羊卓玛森”，“玛”指酥油，“森”指“糌粑糕”，故称“糌粑油糕”。其制造方法是，将粗酪块、红糖粉、核桃仁浆和杏仁油等配料揉入雪白糌粑中，拌匀后制成圆状，粘上狮子跳跃式酥油花，撒点红糖粉、细干酪粉和白糖等即可食用。是羊卓地区款待客人的藏餐主食。

“羊卓哦甲点”，“哦”是“奶”，“甲”为“茶”，“森点”则是“金黄色”，即“羊卓黄奶茶”。这是一种羊卓地区纯牧区特有的饮品。制作时，应在烧开的牝牦牛新鲜奶中加入少量的砖茶汁，而后，掺入太白星（此星半年夜出、半年昼出，传说此星光照射之水均成药水）出现时挤奶提取的酥油，放入白糖熬成，此茶味道鲜美，营养丰富，长期饮用，能增强体质，尤其对腹泻有特殊疗效。

另外，享有“西藏鱼库”之称的羊卓雍湖，有蕴藏量高达2至3亿公斤的高原特有无鳞鱼和裂腹鱼，湖中这两种鱼皮薄、味美、无污染，尤其在春天食用，更具有极强的强身健体之功效，正所谓“春天的鱼，连达官贵人都吃不到”。鱼肉的吃法很多，既有剔除其脊椎骨、取掉内脏、割掉鱼头、去掉鱼鳃洗净之后剁成细肉烧成的鱼肉丸子——“娘窄”；又有取掉内脏后晒干，日后，用炭火炙烤的烧烤鱼——“娘扎”等等，做法繁多、不胜枚举，有道是百闻不如一见，愿国内外旅游者亲临羊卓尽享“美鱼”之味。

民　居

羊卓地区民居的基本特点是：屋皆平顶，由于地理位置及气候的原因，大部分民居为两层，一般为石木结构。墙体多为石砌，一层方石叠压一层碎薄石，以泥合缝。卡热乡等地，墙体下部为石块垒砌，上部墙体为板夯或土砖，往往以石、土、砖混合使用作墙体，墙体下部为石砌，上部是土坯砖，墙体逐渐向上收缩，但内壁保持垂直。在内部建筑构造上，梁和柱不直接相连，柱头上平搁短斗，短斗上搁长斗，长斗上搁大梁，梁上铺设檩条，檩条上再铺木棍，然后，用一般的黏土夯实作顶。屋顶均为平顶，一般在屋顶四周的墙上还要加砌女儿墙，在屋顶四角干塔建约半人高的墙垛，以插挂经幡。

民居大多成正方形或纵长形，一般以多少柱数来算面积(一柱约等于 16 平方米)。

民居的外墙颜色主要为白色，但个别在色彩的选择和搭配上稍有差异，林西等地为农牧区，许多民居的墙体呈当地泥土的自然乳白色，另外，建房时，人们采用当地的稀泥土抹墙，并用粗细不一的手指在墙上向上往上划半圆形或弧形图案，纹饰自然美观。值得一提的是，羊卓民居屋顶上的装饰，浪卡子县等地民居叫“苏觉”的屋顶四周女墙垛上从上至下涂抹红黑白三色，顶部放三块“拉垛嘎布”，其意“三块神仙白石”。由于受宗教的影响，羊卓地区民居特别注重大门的选择方向及装饰，一般情况下，大门方向禁忌照面凹陷地段，如果大门的方向实在无法变位，则在门框上部放置木头制作“男性的生殖器”来“遮阻”灾难。

大门由门框、门楣、斗拱组成。门楣连着斗拱，斗拱多用蓝、红、绿三色彩绘，门楣上写烫金符咒，门楣的上方形成凸字形状，中间留有约一尺见方的空间，用木头做框，镶以玻璃作为佛龛，里面供奉主人喜欢的佛像或神物，最顶上安放一对牦牛角。大部分门都刷成黑色或紫黑色，上方的中间用白色画月亮，用土红色画太阳或“雍仲”图案。

下面简单介绍几种羊卓地区民居。

“帮普”屋。“帮”就是“草坯”，“普”有“窝”之意，故称“草坯窝屋”。这种民居结构简单，草坯围墙，架树枝于上，盖以黏泥土夯实作顶，大多呈圆形，且屋面低，外墙颜色均为黑灰色，极具古朴特色。这种民居，其建筑成本低，易于建造，且保暖性强，不通风，是旧社会羊卓地区普玛江塘等地高海拔地区游牧民的过冬房。

随着物质文明的日益发展，广大牧民特别讲究住房条件。改革开放以来，政府不断加大牧民搬迁、定居的投入，大部分昔日居住“帮普”屋的牧民已迁入宽敞明亮的土石结构房。不久的将来，“帮普”房将成为历史。

“帕紫托吉玛”屋。“帕”是“土坯砖块”，“紫”是“垒墙”，“托吉玛”则是“一层居住”之意，其意是“土坯砖瓦垒墙的一层民居屋”。这种房屋结构简单，土石围墙，架木于上，盖以泥土。房顶用一种凝固性强的当地叫做“娘撒”的土（即黏土）打实抹平，内室居人，外院围圈牲口，旧社会大部分贫民都居住于这种房屋。

“砸嘎尔加朵托康”。“砸嘎尔”指“花岗石”，“加朵”为“汉式条石”，“托康”则为“楼房”，即“汉式花岗条石建筑的楼房”。西藏和平解放以前，是贵族居住的房屋，而今，羊卓地区较为富裕的农牧民均喜欢建筑这类碉房。由于气候的原因，一般为两层，少数也有三层的。这种碉房墙基用石砌，以花岗条石围墙，木头作柱，上架斗拱屋梁，再加椽木于上，覆以水泥土，构造结实。碉房底层为牲畜圈或储藏室，层高较低，屋内一般不装饰；二层为居住室，大间做客厅、卧室、厨房，小间为储藏室或楼梯间，做客厅的大间叫“苏觉热不赛”（即三面朝阳屋），在张达等地叫做“琼孜”（即屋侧突出屋），此房均呈“凸”字型，东、西、南三面突出，南面较长，东、西面较窄，三处均有落地玻璃窗户，采光面广，有的房屋装修华丽，房梁柱头绘有图画，四壁刷涂料，美观整洁；若有第三层，则多作经堂和晒台之用。

“折库尔”。“折”为“粗牛毛织物”，“库尔”指“帐篷”，即“粗牛毛帐篷”。它是羊卓地区普玛江塘等地牧民为适应逐水草而居的流动性生活方式而采用的一种特殊民居。

牧民们先用牛毛纺线，织成叫“日迪”的条状粗毛布，再把它缝制成两大片长方形帐篷，然后把两大片帐篷用十多个扣环连接起来，就成了一顶帐篷。一般呈正方形，用8根立柱支撑，有十数根牛毛绳的一端与篷顶拴结，另一端拴在帐外的一根木橛上，使得帐篷平展、稳固。帐篷面积一般为20平方米，顶高1.7米左右，帐顶留有一道宽30厘米、长3米的可以开合的空隙。

这种帐篷具有冬暖夏凉、结构简单、支架简易、拆装灵活、滴雨不漏、易于搬迁等特点。

另外，羊卓地区还比较讲究“热库嘎布”，即白布帐篷，其制造方法与“折库尔”基本相似，唯一不同的是，在白篷布缝成的长方形帐幕上用各类颜色的布料装饰成“祥麟法轮”、“蒙人驭虎”、“印人导象”、“和气四瑞”、“五妙欲”、“六长寿”、“七政宝”、“八瑞相”和“八瑞物”等宗教内容与民间艺术融为一体的图案，十分秀丽、豪华异常，是一种极富观赏价值的民居，已成为羊卓地区广大农牧民每年藏历六月参加达隆边贸会，展示自己风采的必备帐篷。

行 旅

羊卓地区地广人稀、居住分散，且卡热等谷地农区山高水深，羊肠小道甚多，旧时交通不便，主要靠步行或骑马赶驴、牛帮运行等等。西藏和平解放后，公路逐渐修筑，交通日渐方便，现已实现了乡乡有公路、村村通汽车的目标。

随着年轮的前转，羊卓地区的交通状况迅猛发展，20世纪60年代初至70年代末，羊卓地区大部分半农半牧区盛行一种叫“太尔卡”的交通工具（即两匹或三匹马拉的可载人装物的双轮马车）。特别值得一提的是，在20世纪70年代初，县供销社组织一百多辆马车翻越岗巴拉山去拉萨拉运砖茶、红糖等农牧区十分畅销的日用百货，为解决农牧区日用百货十分短缺起到了不可低估的作用。

20世纪80年代初，随着已逐渐形成以浪卡子为中心的乡村公路干线网络构架的基础上，自行车逐步取代了昔日穷苦百姓只有安步当车的历史。同时，许多贫民百姓先后购买了运输、打场、机耕等具备多功能的手扶拖拉机，特别是改革开放以来，羊卓地区的交通工具有了明显的发展，雨后春笋般地出现了私营汽车专业运输户。同时，昔日价格昂贵，百姓可望而不可及的小吉普、摩托车等已开始进入百姓家。

21世纪初，随着农牧民市场经济观念的进一步转变，与外界交往日渐频繁，客流量日益增多，现已开通了至拉萨、泽当的国营公共汽车。在这里特别介绍一下曾在羊卓地区传统的交通运输方式中起到举足轻重作用的牛帮运输。

牛帮运输，羊卓地区普玛江塘、推娃、洞加等纯牧区地处高寒，氧气缺乏，人们行走往返十分费劲，所以百姓出门或驮运东西，多靠牦牛，常常骑牦牛或赶驮牛运输。这种牦牛从功能上大至可分为两类，一种叫“开亚”（即驮牛），一般情况下，一个牛帮喂 20 头牦牛，赶牦牛的人叫做“亚巴”，此外，还有两三个叫“拉图娃”的小驮驴。另一种叫做“那诺”（即可供坐骑的牦牛），出于对骑牛人安全的考虑，大部分则选择无角牦牛。牦牛不愧为高原之舟，它能登上四五千米的高山，抗住零下二三十度的严寒，还能负重一百多斤，虽然牦牛行动迟缓，但有耐力，行六七天或十数日，都累不倒它。牧民赶牛帮运输，风餐露宿，随地支灶埋锅烧茶，夜晚在空旷的地方圈牛宿营。

总之，羊卓雍措是我们慈祥的母亲湖，她抚育了 34000 多羊卓儿女。呵！人间的羊湖，胜过天堂的美景。

有道是，百闻不如一见，愿天下所有女士、先生亲临羊卓尽享“天堂”之乐。

亚桑寺庙志

前 言

这里简要介绍的是亚桑甘丹桑丹林寺。

藏传佛教中具有一定影响的噶举派四大八小之系之一的亚桑噶举派，是由帕竹多吉杰布的弟子萨热瓦格丹益西森格及他的亲传弟子亚桑法王曲吉牟朗两人共同创立的。亚桑甘丹桑丹林寺还是十三万户中的亚桑万户长的居住地。该寺之所以享誉整个西藏高原是因为在医治脑溢血方面具有悠久传统和独到之处。

寺庙位置

亚桑寺位于藏文化发祥地山南泽当镇南部50千米处、山南乃东县亚堆乡亚桑村的西面，坐落在形似大象卧地状的一座山腰上，海拔约4300米。寺庙的东面屹立着西藏世间九尊及十三大神山之一的雅拉香波雪山，它就像一尊金字塔，昂首挺胸地站立着。从雪山上流下来的香曲河，就像“贡水”般穿过寺庙前面朝北终年流淌不息。

亚桑寺名的来历

亚桑这个名字是怎样得来的呢?相传曲吉牟朗大师在25岁时就四处讲经传法，当他来到现在的亚桑寺的东面山脚下时,发现那里的环境很美,便决定在此地收徒讲经。有一天,正在讲经时,两只由神变来的白乌鸦叼走了他的帽子,大师很惊讶,不由自主地发出一声“亚”的尖叫声。两只白乌鸦一直飞往西面的小山,就在那座貌似卧象一样的小山上盘旋,并落在了叫“仁钦扎“的岩石上,把叼来的帽子放在那儿,不停地发出“桑桑桑”的叫声,这时,大师心中便产生了在此地建寺的念头，当时情景如同预言一般,大师说:以后我建寺就取名为亚桑寺。所以亚桑的名字就是这样得来的。

寺庙创始人

亚桑寺创始人曲吉牟朗或者奴氏法王，于公元1169年(藏历第三饶迥土牛年)出生在亚桑寺附近约1000米处的一个叫藏协玛姆的地方。生于奴氏家族的一对名叫章牟姜和香姜普吉的夫妇的家中。自幼,随曲登大师剃度为僧,并由恩师主持传授佛教戒律及噶当派密经。18岁时,来到嘉图寺,并由住持鲁噶大师为堪布、恭噶巴捏达玛司吉为师傅,美且师傅为密师的三人共同传授沙弥戒。此后,他用了五六年的时间学通了戒律法。因为他能严格遵循该戒律，故时人为他送了“奴氏持律法王”的名号。30岁时，他一边艰苦研习“大手印法”及口传“那若六法”，一边按法师们的指点认真修行。并于公元1206年（藏历第三饶迥火虎年）他38岁时初建亚桑寺，大约用了近五年的时间终于建成了亚桑寺。

元朝时期，西藏大致分为十三万户的行政区域，其中的亚桑万户隶属于阔端汗的大儿子呼勒胡，当时曲吉牟朗被认定为亚桑万户的第一任万户长并赐给他诏书。（该诏书至今仍保留在亚桑寺内）。此后，他先后在有名的四大修行洞里刻苦修行后成道。成道后的他因声名远扬而被各地施主邀请到上下隆子、错那、洛扎、雅砻、琼结等地讲经布道。据说当时他亲历过一百多座法台讲经布道。由他传承下来的教派便是日后的亚桑派。曲吉牟朗大师于公元1233年（藏历第四饶迥水蛇年）圆寂，享年65岁。由于他德法兼具故有众多的跟随者，其中最为出色的有四位成道者：涅麦白日瓦·桑杰加贡、阔东巴·桑杰拉贡、色德瓦·桑杰列贡、贡色巴·桑杰吉尔贡。

寺庙的佛像、佛塔及佛经

自曲吉牟朗大师创建该寺以后，各继承者都能认真学经，严守戒律，弘扬佛法，广收徒众，日后并发展到了拥有两千多组织机构、众多教徒的噶举四大派系之一的帕竹派的第一大支派。当时所建的大殿面积有四大柱及十六小柱，还有主供殿、护法殿、厨房、僧舍及公众房屋等。

寺内拥有众多的镏金佛及青铜、合金所塑的大小不等的佛像，佛塔以及大量的经书。此外建有五座大型佛塔和上百个小塔以及作为镇寺之宝的珍贵圣物如：玛尔巴译师之子达玛多迪的头盖骨，用译师巴益西旺布的胫骨制成的胫骨号，天然形成的观音像，喜金刚的檀香木塑像以及雕有释迦牟尼十大功绩的象牙雕刻，仙女口传经，寺庙创始人的靴子。此外，护法殿里所保存的还有神变白乌鸦的尸体、恶魔胸骨、雅拉香波投石带、牦牛尼玛东布的头骨、亚桑法王用过的马鞍，以及由多仁家族馈赠的火铳及各种枪箭等等器物。

寺庙周围环境

对于寺庙四周的环境，曾流传着这样的传说：东边林木是护法神多吉玉珍、南边是右旋海螺、西边是观世音、北面是多闻子及他的随从八骑士等天然形成的山势地貌。寺内的四大主要布局分别为噶举宫殿、菩提塔、上层殿堂、守饥行宫殿，殿内存放着寺庙创始人亲手制作的自塑像、无灭灯及释迦牟尼佛、十六罗汉、观世音菩萨等众多的塑像。寺庙周围有能治愈疾病的泉水、林木、河流，奇特的地势地貌中蕴藏着讲不完的传说和优美动听的故事。

历任法主

据藏文史书《青史》记载，该寺历任法主的排列为：

第一任:寺庙创始人亚桑曲吉主持长达十三年。

第二任:仁青久色主持长达九年(藏历木马——水虎年)。

第三任:多丹加布主持长达三十八年(藏历水兔——铁龙年)。他任期内扩建大经堂。

第四任:克曲瓦·曲桑伟主持长达十八年(藏历铁蛇——土狗年)。瑜伽尼预言中,他将会成为大成就者乌金巴的弟子。

第五任:萨热瓦·德勒维主持长达二十四年,他也主持隆子塔尔巴林寺(藏历土猪——水狗年)。

第六任:世族扎西维主持长达二十八年(藏历水猪——铁虎年),他是译师扎巴坚赞的亲传弟子。他抛弃一切闭门修行,让拉扎维巴主持。

第七任:拉扎维巴(出生在藏历木猪年)主持长达十四年后,于70岁(藏历铁兔木猴年)时圆寂。

第八任:拉(吐蕃赞普之后裔)主持及侍待上师,跟随普顿译师后传授给他许多真经。他传授及培养拉康丁坝法王。

第九任:拉索南维色主持长达二十二年(藏历木鸡——火马年)。

第十任:坚阿索朗维则主持长达二十六年(藏历火羊——水猴年)。藏历水鸡年一年空位。

第十一任:坚阿多杰主持长达二十年(藏历木鼠——水蛇年)。另外,历代班庆江噶尔转世的最后第九世赤列曲吉坚赞,公元1918年出生在甲荣基嘉,公元1988年圆寂。

寺庙现状

自党的十一届三中全会后，党的民族和宗教政策得到全面落实，亚桑寺同我区许多寺庙一样也逐步得到全面修复。公元1985年（藏历第十六饶迥木牛年），在当地政府部门的支持和11个施主及广大信教群众的积极参与支持下，在该寺僧人强巴格列的指导和主持下全面成功地修复了噶举殿。该宫殿内中间供奉着2米高的亚桑法王像、两边是释迦牟尼佛像、四臂观音像，还有天然形成的千佛像以及刻有二十一尊度母像的天然石块。相传如果妇女们背着它转几圈就能逃脱不孕不育或婴儿夭折之灾的说法。公元1989年（藏历第十七饶迥土蛇年）第二批维修工程中先后修复了主殿、三门佛堂、强巴佛殿、护法殿、观音殿等。主殿供放着2米高的亚桑法王当万户长形象的塑像。两边供奉着蓝衣金刚持、胜乐五尊持铃、白度母、金铜莲华生大师像等。三门佛堂主供的是释迦牟尼，左边是阿底峡大师、无量佛、莲华生主副三尊的塑像，右边是释迦牟尼佛像、宗客巴大师佛像。强巴殿里供奉着强巴佛、亚桑法王、石雕金刚持等。护法殿里摆放着由护法神亲制的镏金释迦牟尼佛陀像。还有一块黑底白字天然形成的藏文“梆”字、四臂护法及赞纸噶空行母等神像。三楼观音殿里供奉着千手千眼观音像、三怙主等塑像。天窗壁画是噶举派历代祖师、药师八佛、莲华生主副三尊等传统壁画。院子周围有僧舍、厨房等。院子外面有接待室和停车场。

亚桑寺特殊的中风治疗法

亚桑寺自创建以来，就有独特的传统诊疗方法能治疗中风病、疯狗病、麻风病等病症，但治愈疯狗病、麻风病这两种病症的疗法早已失传。唯有中风治疗法一直保持下来，至今能治疗许多中风病人，因为治疗方法独特，特在这里作一介绍：

1. 中风治疗法来源于亚系法王与他的搭档江噶尔在洋古岸修行的时候，毗毖纽为他们而显现真身。据说在雅拉香波山及寺庙周围他和他的近侍罗珠维色为毗毖纽修行的时候，有一位姑妈热杂和毗毖纽为他们而显现其身。在寺庙后山尼玛洞修行过日曜矛箭（洒尼玛洞），特别是在寺庙西边有个地名叫洒赏的草坪地，当他为修行毗毖纽而搭建起帐篷修行时，在藏历六月二十九日那天晚上毗毖纽向他显现真身，并要求他以后要治愈中风病人，从此他发明了独特的中风治疗法。每当藏历六月二十九日至七月二十九日，寺庙的僧众们都必须聚在一起举行念诵毗毖纽的咒语活动。

2. 中风治疗法是针对因土、水、火、风和气、木、空间等不同病因而产生不同病症时，用不同的诊治方法来治疗的一种疗法。主要方法有念过咒语的水、咒符、圣水清洗、佩带毗毖纽护身物，以及草药涂剂等疗法。

3. 据亚桑法王自己所言：“任何一个寺庙比不上我寺的中风治疗法”，而且他衷心祈祷该寺任何僧人在治疗轻微中风病患者时都能在短期内有显著疗效。据说亚桑寺僧人还可治疗失语症，让病人念一遍咒语就能发出声音或跟别人谈话；瘫痪病人经治疗可活动行走如初。因此该寺治疗中风病的独特疗法享誉四方，除西藏自治区内的患者前来求治外，还有科技比较发达的内地和外国人也曾前往该寺治疗。

亚桑十三祭祀

除每年藏历六月二十五日的秋天祭祀等独特的祭祀活动外，其中最隆重、最著名的祭祀还属亚桑十三祭祀了。每年的藏历二月十三日这天是亚桑法王的圆寂纪念日，为此该寺要举行隆重的纪念仪式。亚桑十三祭祀就是其中的一项主要活动。

十三祭祀的重要内容，是上午11点左右，首先将马哈噶拉与吉祥天母两大护法神的塑像抬到波木堂地方，然后举行拜神、求神、转经等仪式后，再放回原地。由于平日里这两尊塑像经常被遮盖面目，所以，揭开遮盖那天，观察所显面目就可以预示未来一年当中所发生的吉凶祸福。因此当地老百姓在这一天必去观看。

而且该寺还供有一件吉祥天母的法器。传说用该法器在自己身上划一划就能消解一年当中的一切病痛磨难，所以，每当此时当地的人们往往会扶老携幼蜂拥而上参与活动。当第一、第二、第三次吹完法号以后逐渐跳起不同角色的法舞。当法舞结束后，当地百姓就会跳起欢乐的传统锅庄舞，最后在欢乐祥和的气氛中结束当天的纪念活动。

后序

据亚桑法王曾许下的诺言：凡是将观世音作为本尊并常诵念六字真言的信徒或者有关该寺的人将不会落入恶魔三界。还将会从贪、嗔、痴三毒中得以解脱，将能得到最高境界，还称供奉亚桑寺和布达拉宫功德相似。

雅拉香布雪山

距离泽当镇南部60千米处的雅拉香布雪山位于雅砻河谷上游，是全藏著名的雪山之一。海拔6647米。

此雪山不仅是藏族群众信奉的九大神山之一，而且是赞普松赞干布和赤松德赞等所依的十三尊护法神之一。雪山形状最初像吉祥多门塔，后来雪在阳光照射下不断融化，雪山也变低变样了。雪山山腰形状高耸陡峭，有的地方像梯子一样，十分奇特。在雪山脚下，哗哗流淌着雄拉香布河。河两岸的雅砻农庄田园，犹如黄金般的海洋，是西藏的主要产粮区之一。因此雅砻享有“西藏粮仓”的美誉。绿树成荫，鲜花烂漫的雅砻柳林园，好似天堂花园。此雪山背后的水叫艾曲水，流向邛多江地方。在此流域水草丰美，牛羊肥壮，是一处天然的风景区。

另外，这座雪山在历史上还有许多优美动听的神话故事，如第八代赞普直贡赞普被大臣罗昂弑杀后，王后逃到雅拉香布雪山附近(或言是来放马)。有一夜，她梦见自己与雅拉香布雪山的化身白色牦牛神发生关系，有了身孕。过了九个月十天后，真的出生一个儿子，取名如来杰。这个儿子长大后为父母报了仇，而且成为帮助治理国家的七贤人之一。

自古到今，雅砻地区的广大僧俗信徒都说：“居住在雅砻地区，要祈祷雅拉香布神。”把雅拉香布雪山作为自己神圣的地方神进行信奉、朝拜。认为如果能让雅拉香布山神高兴，自己会长寿无病，万事顺利；反之，如果让雅拉香布雪山愤怒，就会遭到障碍和灾难。不仅如此，其他藏区的很多信徒也不远千里前来膜拜雅拉香布神山。还有很多人绕雪山巡礼，有的一生巡视五次，有的巡礼十次，有的巡礼三十次。

哲古草原

从藏民族的祖先居住地泽当镇出发，沿着缓缓流淌的香曲河（雅砻河），行驶近50多千米的路程就能到达世间九尊之一的雅拉香布神山脚下。再向西走，就能到达措美县境内的卡尔村庄。在村庄上方有一座叫结拉的山峰，民间传说中说，以前此山峰非常高，本地人越过此山到其他地方去时，遇到很多困难。文成公主看到这个情况后，便想在此山的半山腰修隧道。但是，因条件不具备，隧道未能修成。到了此山顶，眼前显现出广阔的大草原，她就是哲古大草原。

从远处望去，哲古草原像一位扎着白色丝巾，身着绿色盛装的美丽仙女手持琉璃明镜，欣赏人间美景。在草原的四周屹立着犹如水晶塔的雪山、高耸入云的紫色乱石山、碧玉曼扎一样的绿色草山等山岭，围绕着美丽富饶的大草原。注满清凉圣水的众多湖泊，在山岭间闪烁湖光山色。溪水从草原的鲜花丛中潺潺流淌，形成绿草如茵、姹紫嫣红的飘带。蜜蜂，在花丛中嗡嗡鸣唱，蝴蝶，在绿草上翩翩起舞，令人赏心悦目。犹如繁星的羊群和健壮的牦牛群，是草原的装饰，也是牧民的生命。还有，国家一级保护动物——白嘴野驴，成群结队地奔跑着，显示矫健的身姿。另外，岩羊、盘羊、黄羊等野生动物，享受着丰美水草，悠闲自得，犹如被大自然的美酒所陶醉。尤其是，当热玉错（即哲古湖）使哲古草原成为与众不同的地方，是哲古大草原的象征。在玉错湖底，白肚子的鱼群扭动着优美的身姿游动、嬉戏；灰鸭、黄鸭、丹顶鹤等水鸟，在湖边伸出迷人的颈项鸣唱，悦耳的声音此起彼伏，像是在合奏动人的乐章。在绿草如茵的草原上，牧民的帐篷，星星点点，帐篷里面是白色乳汁的海洋和黄色酥油的高墙；黑色的牦牛毛，像乌云一样翻滚着，白色的羊毛，像白云一样飘荡着。这就是美丽的哲古大草原！

另外，在哲古牧区的东南方向，有一座小山，在山顶的东北方矗立着一座寺院，内供如意释迦牟尼佛像。山顶的西北方向是朵噶夏仲，次仁旺杰创作藏族文学历史上的第一部长篇小说《勋努达美的故事》的地方，叫加孜哲古。

哲古村的正北方有一眼喷出热气的温泉，据说泡此温泉能治疗风湿等疾病。另外，现在每年公历九月份，当地牧民都要在此欢度三至五天的夏季节日。在当地，夏季节日是除了藏历新年以外最隆重的节日。在节日期间，牧民身着节日盛装，进行赛马、赛摩托、赛自行车、拔河、跳舞、抱沙包等一系列比赛活动。对于健壮的青年汉子来说，此时是显示自己力量和勇气的最好时机；对于年轻的女子来说，是显示自己青春年华和舞姿歌喉的最佳时机。青年男女们都不会轻易放过这样的机会，都会尽量表现自己，宣传自己。如果，您在这个时候到哲古草原来观光旅游，您就可以品尝到没有污染的牛羊肉、酥油、酸奶、鲜奶、酥油糕等食品。您可以尽情享受大自然赋予的幸福，可以尽情欣赏美丽富饶的草原景色，也可以体会牧民过去和现在的习俗。

圣地扎日

位于泽当东南方321千米处的吉祥胜乐金刚的圣地扎日是佛陀所授记的胜乐轮本尊二十四刹土之一，海拔3814米。

在西藏上部阿里有著名的冈底斯雪山，中部有可信的拉其雪岭，下部有无比的扎日神山。此三神山是胜乐金刚的身、语、意刹土。其中冈底斯雪山是胜乐金刚的身刹土，拉其雪山是胜乐金刚的语刹土，扎日神山是胜乐金刚的意刹土。扎日神山又分为外、内、密三部分，即扎日萨玛次仁迥（新长寿地）、扎日错噶（白湖）、达巴西日（清净水晶山）。此三处代表人身之左、右、中三脉，外、内、密三处，身、语、意三个方面。最为殊胜的是扎日坛城，中心是扎日达巴西日山，达巴西日是胜乐金刚的宫殿，具有大加持。此圣地最早被佛所授记，后来法王松赞干布、莲华生大师等都照见到此圣地。后来，达布拉杰也照见到各种景象，感觉到开启圣地之门的时机成熟，就派遣其弟子益西多吉前往打开圣地之门，确定圣地。

后来，次第由直贡觉巴吉丹贡、珠贡藏巴加热、噶玛巴四世活佛、遍知白玛噶布等大人物亲自来到圣地扎日，重新开启许多圣地之门，修建寺院，实践佛法，弘扬佛法，利益众生，逐渐形成了目前的扎日圣地的规模及各处的胜迹。

扎日山，有形似宝瓶和妙莲的智慧金刚铃山；有状似海螺和吉祥结的双运中脉山；有形似胜利幢和金轮的空行刹土奇异山。总之，扎日大地被八吉祥连接和围绕着。还有度母魂湖、发光玉湖、胜乐魂湖、宫殿玉湖等无量湖泊，像供佛的净水一样在山岭中静静地汇集着。在神山还有任运形成的莲华生修行洞、发光洞、救苦洞、加持洞等自然岩洞。另外，还有四世噶玛巴活佛修建的错噶寺、主巴遍知白玛噶布修建的吉恰尔寺等。还有自然形成的佛塔和各位先贤大德留下的脚印和手印等无量胜迹。

扎日神山还生长有在绘画中广泛使用和民间广为流传的党参，还有引导众生的水。据说人们闻到党参和引导众生的水就能消除所有业障，得到解脱。这样殊胜的草和水只有扎日神山才有。而且党参并不是孤零零地生长，它长在草、花、香树等中间，因此，扎日出产的香料非常珍贵。同样，称为引导众生的水也流入其他水系中，尤其是，在上下错噶湖、莲华生大师修行洞中的湖、吉恰尔寺附近的清凉泉水等水中都有引导众生的水。因此，信徒都从这些水中取水加持，并带到雪域西藏的各地。

这样殊胜的圣地扎日神山平时什么时间朝拜巡礼都可以，如果在猴年转山巡礼其效果更佳。如所谓“马年巡礼冈底斯神山，羊年巡礼纳木错圣湖（也有说羊年巡礼拉其雪山），猴年巡礼扎日神山。”巡礼扎日神山有三条路线，即扎日山顶巡礼、扎日山麓巡礼、扎日山腰巡视。因为山麓巡礼涉及边境地区，所以极不方便。山顶巡礼和山腰巡礼的时间从藏历三月十五日开始到藏历八月十五结束。据说这期间是圣地门打开时期，是朝拜巡礼的最好时节。

总之，有朝拜或旅游扎日神山愿望的游客，早上从泽当乘小车出发，当天傍晚就能达到扎日米钦顿（又名马其敦）或现扎日乡所在地扎日结噶塘。第二天上午朝拜莲华生大师修行洞，晚上可以到达吉恰尔寺。第三天上午朝拜吉恰尔寺及神泉等胜迹，下午中途参观桑阿曲林寺，晚上到达隆子县，第四天轻松到达泽当。这是针对没有时间徒步或没有能力徒步的游客而设计的路线。

如果想朝拜扎日神山所有胜迹，第一天从泽当出发，晚上到达扎日乡，第二天徒步往错噶湖方向前进，第四天可以回到扎日乡，第五天上午朝拜莲华生大师修行洞，晚上回到吉恰尔寺，第六天从吉恰尔出发，前往扎日坛城即达布西日神山方向，第七天可以巡礼达布西日神山。但是妇女不允许过扎日度母山，因此，须重新返回吉恰尔方向。

朝拜所有的胜迹需要约十四五天，而且是有路的地方坐车，没有路的地方徒步。如果从泽当徒步朝拜扎日山，需要一个半月到两个月，这是曾经徒步朝拜过扎日神山的老者所说。

虽然，扎日神山路途遥远，路况也不太好，从开春到秋末，阴雨连绵，在这期间朝拜非常辛苦。但是，人们都相信，朝拜一次扎日神山，下辈子肯定能获得人身，或有所谓“猴年游扎日来世还做人”的说法。因此朝拜者仍然络绎不绝。

门隅地区风景区

距离泽当东南方向260千米处的门隅地区风景区位于错那县境内，是门巴族居住的边境风景区。平均海拔2400米。

门隅是地势低洼、雨水充足、物产丰富的旅游休闲风景区，花草树木覆盖着这里的山川，显得婉紫嫣红，妖娆妩媚。

总的来说，门隅地区可分为东西两块。以达旺西边的静东山为界，西边是达巴、邦钦、勒布，叫西门隅。东门隅有尼玛措三地、淑、绛达、僧格宗、牛玛董、章玛水域、绒囊等，叫东门隅。

门隅地区的地形狭窄，有由北流向南的聂香河，由东流向西的章玛河（又叫达旺河），由西流向东的章囊河，由北流向南的绒囊河。江河纵横，四季如春，气候温和，物产丰富。

这块景色宜人、风景优美的地方自古以来就是中国领土不可分割的一部分。在吐蕃赞普松赞干布时期绘制的罗刹女形西藏地图中有门隅，还在门隅地区修建了镇压罗刹女肢体的庙堂。尤其是，五世达赖喇嘛执掌西藏地方政权时期，西藏地方政府在整个门隅地区建立了行政机构，行使主权。1914年西藏地方政府的代表噶伦夏扎·边久多吉和英帝国主义代表麦克马洪背着中央政府交换文件，划出非法的“麦克马洪线”。历代中国中央政府从来没有承认英国和西藏地方政府私自划定的“麦克马洪线”，也遭到了包括西藏人民在内的中国人民的坚决反对。但是，1944 年，英印军队不断入侵这个地区，侵占了大片我国领土。

目前，在勒布地区有四个民族乡和一个办事处。这里不仅鸟语花香，景色迷人，还有历史悠久、承载着各种神奇传说的僧姆扎（罗刹女岩石）寺和自然形成的岩洞、湖泊、河流。

在勒布办事处和勒乡之间峡谷的摩崖上有中国古代三大名著之一的《西游记》中的主要人物唐僧、孙悟空、猪八戒、沙和尚、白马等石刻像，这是整个西藏绝无仅有的石刻艺术，据说唐僧从印度取经回来时路过西藏。因此，此摩崖石刻具有很高的研究价值。

拉姆纳错神湖

距离泽当镇200千米处的拉姆纳错神湖位于西藏山南加查县境内，是西藏最著名的圣湖之一，湖面面积为2平方千米，海拔5200米，湖面形似人的头盖骨，湖中可显示各种景象，故在整个藏区非常有名。

在寻找历代达赖喇嘛和班禅大师等大活佛的转世灵童时，都要朝拜此神湖，并根据神湖显现的景象分析判断转世灵童出生的地点等。此神湖之所以叫拉姆纳错，是因为此神湖是吉祥天女的魂湖，“拉姆”是指西藏著名的大护法神班典拉姆即吉祥天女，“纳错”是魂湖之意。

拉姆纳错神湖在悉勃野时期就有，但是，最早开启圣地之门的是二世达赖喇嘛根顿嘉措，他确定为圣地之后就开始有了朝拜神湖的历史。二世达赖喇嘛根顿嘉措出生于1475年，1542年圆寂，因此，可以断定，把拉姆纳错确定为神湖的时间是公元16世纪。此神湖非常严厉，在湖畔大声说话，就会下冰雹和暴雪，或者狂风大作。这是很多人亲眼所见的事实。

拉姆纳错神湖边有一座吉祥天女护法殿，平时关闭，只有历代达赖喇嘛每年前来朝拜时才开门。另外，在离神湖不远的地方有一座寺院，叫琼果杰寺，于1509年由根顿嘉措创建。

以前，此寺院有一定的规模，中心殿面积为 70 根柱子，后殿面积为 8 根柱子，殿门抱厦面积为四根柱子。总面积为 82 柱子，僧人数量也不少，学修显密佛法，与文地方的阿里扎仓寺、加查县的达布扎仓寺合称为“阿达杰”三寺。

措杰魂湖

从泽当向正西方向行 42 千米就到达扎囊羊卡码头，从此坐电动船，在雅鲁藏布江上行驶两个小时左右就到达对岸的扎码头。然后乘车行 5.5 千米就到达了位于措杰村中央的措杰魂湖。这里的海拔为 3600 米。

最初此地有一湾小泉水，公元 8 世纪时，空行母益西措杰出生在这里，此小泉水也逐渐变大，最后成为一湖泊，叫措杰拉措(措杰魂湖)。

空行母益西措杰在母胎时，母亲萨格出现了一只叫声优美的蜜蜂融入丈夫头顶的感觉。益西措杰的父亲卡尔钦·白吉旺秋产生了妻子有三只眼的感觉。有了这样的许多特别征兆后，空行母益西措杰于鸡年猴月(藏历七月)十日太阳出来时出生，嘴里念着藏文辅音和元音字母。当时，大地震动，雷声轰鸣，天降花雨，有目共睹。父亲本来是位圣贤，他观察女儿后，非常高兴，对妻子说："我们的女儿具有空行母相，长大后，她的名声将响遍世界。肯定会成为一名引渡可怜众生的舵主。女儿出生后，我们的泉水也会变成湖泊，因此，我们的女儿就叫益西措杰(智慧胜湖)吧。"

女儿长大后，非常美丽，而且具有慈悲心肠。前来求亲的大人物络绎不绝，相互间开始产生摩擦。当父母不知所措的时候，赞普赤松德赞听说了益西措杰的声誉就把她迎娶为王妃。

不久，赞普赤松德赞邀请莲华生大师入藏，又把益西措杰妃子献给了莲华生大师，莲华生大师把益西措杰封为明妃。此后，莲华生大师夫妇来到钦普，益西措杰在莲华生大师尊前出家，聆听三藏佛法，益西措杰亲见妙音仙女面，获得不忘总持，获得通慧，显示神通无碍，得到众人的信仰，称她为“空行母益西措杰”，在措杰魂湖旁边有措杰殿，里面供有益西措杰像。在益西措杰出生后扔脐带的地方长有红白两株旃檀树，现在仍能拜见到叫奶汁的旃檀树枝。

扎央宗圣地

距离泽当镇70多千米处的扎央宗位于山南扎囊县阿扎乡上沟西山山腰，是非常奇特的自然岩洞。此圣地的全名叫“扎央宗新结瑞贝颇章”意即扎央宗阎罗王游戏宫殿。

莲华生大师和空行母益西措杰等著名人物曾经到过此地，并长期在此修行。岩洞所在山形好似站立的大象，山面像水牛面文殊阎罗王，面向正南，其右面脸颊上，柏树形成梵文“啊”字，左面脸颊上，柏树形成梵文“哄”字。整个岩洞分为上中下三部分。上部是持明岩洞，在悬崖峭壁上沿着三十多级梯子攀登，从水牛面的文殊阎罗王鼻孔通过莲华生大师用三尖天杖打开的门进入洞内，可以拜谒莲华生大师的手臂印迹、为消除鬼魔灾难而留下的手指印、消除业障而天然形成的六字真言、消除无明而天然形成的日月、空行母高兴后降落而天然形成的花雨、把罗刹制伏到熊洞时使用过的天然形成的金刚橛、二十一度母栖息的红白协檀二十一级梯子、成就者美龙多吉挖掘曼扎的伏藏穴、大译师贝如杂那寝洞、有四个水晶柱子的空行母益西措杰的寝洞、天然形成的空行母跳舞时用的鼓等，另外，还有天然形成的碰铃、长腰鼗鼓、弓箭、圆鼓等。

在上面有天然形成的五百罗汉的曼扎、莲华生大师修行三年的寝洞、空行母的乳汁形成的长寿水、天然形成的莲华生大师食用的糌粑、寝洞的主供像沙子和茵陈蒿质地的莲华生大师像、印度东部响铜质地的具加持莲华生大师像、天然形成的莲华生大师修炼圆满后制伏魔鬼和鬼蛾时留下的五脏六腑。

洞外有空行举行会供时用的盘,空行舞场,天然形成的尼泊尔三佛塔,数千万空行跳舞唱歌时留下的天然形成的手印等。

“猛咒洞”位于阎罗王嘴里,大殿的主供像为伏藏师热那林巴制造的胜乐金刚像,颜色深蓝,三面六臂,右边是莲华生大师和四臂观世音菩萨像,左边是莲华生大师八大变化身像和持明师白玛赤烈等像。虽然,藏地十二永宁地母之主神住于北部纳木错圣湖,但是多吉贡扎(遐迩名扬地母)答应做扎央宗护法主,因此,有多吉贡扎的模拟像。

“胜伏洞”的洞门尚未开启,只看到一裂缝,不能进洞朝拜,但是在外面朝拜也同样有加持。

多扎仁增五世格桑白玛旺秋准备开启“胜伏洞”洞门时,岩石山发出巨大的声响,并且动荡起来。多扎仁增活佛准备从裂缝里进入时,膳食堪布说:“请上师别进去。”这样失去了因缘,洞门重新封闭。上师的僧袍夹在裂缝中,据说后来一直有僧袍片块留在缝隙中。

另外,还有叫做“央宗新圣地”的岩洞,非常奇特,多扎仁增四世活佛洛桑白玛赤烈在圣地雅日白玛妥觉(片石山莲花堆)处变化成一雄鹰,打开了此洞门。从形如雄鹰的岩洞门进入,右边有天然形成的铁刺树和右旋白海螺,左边有天然形成的佛教架子。再往里深入,能朝拜天然形成的贤劫千佛像,还有天然形成的五百罗汉钵盂和八大声闻钵盂，天然形成的仁增·白玛赤烈的瓷碗和伏藏护法玉珍玛的供品。黑毒龙曾化身为毒蛇来加害生灵,仁增·白玛赤烈抛去无畏变化石,把毒蛇打碎成三截,洞内有天然形成的毒蛇上身做的酥油供灯盏，还有天然形成的凶唯罗堆罗像、天然形成的上有狮虎相对的水晶柱子、天然形成的如意宝树果实、天然形成的金刚亥母缠绕毒蛇腰部像。在湖畔有天然形成的毒蛇尾巴。再往前是形如象牙的密咒护法艾噶杂底的魂湖,上面有天然形成的此护法女神的面具及安止龙王贡献的洁白的哈达。

总之,在大圣地扎央宗的两个岩洞内有数不胜数的天然胜迹。而岩洞的周围又是美不胜收的自然景色。

宗十万佛像(宗工布溶洞)

距离泽当西北方向近70多千米处的宗十万佛像胜迹位于扎囊县阿扎乡东边岩石山上。因为在岩洞内有天然形成的佛和菩萨像十万尊，故此岩洞也称为十万佛像岩洞。此圣地是莲华生大师的密刹，山形酷似放倒的白海螺。宗十万佛像圣地可以分为四个岩洞，下部岩洞分为东西两方向的岩洞，形状很像含在狮子口中。两个岩洞的外门只有一个。大乐秘密岩洞位于以上两个岩洞的下部，宗莲花顶位于上部。

本来莲华生大师准备开启八个岩洞之门，只是因为因缘不具足，诸门被没有信仰的水怪所阻塞，这样只开启了四个岩洞之门。上下两个地方的四个圣地称为明示四圣地，敲打岩壁有鼓声的岩洞圣地称为隐秘四圣地。

下部向东方向的岩洞有三个护门：形如卧虎的磐石、天然形成的象、天然形成的乌鸦护法。据说这些都是莲华生大师亲自安排的。

在此岩洞内有莲华生大师的寝洞，具大加持，还有很多空行母益西措杰的遗迹，尤其是有许多奇特的天然形成的胜迹。

东部岩洞内的右边有白岩石形成的大梵帝释天，左边有红岩石形成的赞神，中间有天然形成的被莲华生大师开启洞门时所杀的毒蛇,有天然形成的盛开莲花、天然形成的白海螺、天然形成的珍珠串、天然形成的十八供养天女、天然形成的嗡啊哄三字明咒、天然形成的酥油灯等,莲华生大师的寝洞、空行母益西措杰的寝洞以及男女罗刹的窝等,到现在仍有微微的温度。

西部岩洞内有聆听僧众举行法会时的念经声、法鼓声、海螺声的地方;有莲华生大师前往天堂时的密道;有听空行母磨房里磨糌粑时发出的声音和闻糌粑味道的地方;还有莲华生大师制伏罗刹男女时使用的天然形成的天铁金刚橛和天然形成的二十一度母像等。尤其是,在岩洞的最里面有退敌咒语女王的魂湖和多闻天子的魂湖。此两湖连着雅鲁藏布江,雅鲁藏布江涨水时,湖中能看到江里的沙子。魂湖的主人是艾噶杂底密咒护法、罗埌罗和骑狮护法等宁玛派的三大护法神。

有缘分的人拜谒魂湖时能见到诸护法神。

在大乐秘密岩洞内,莲华生大师曾举办息增怀诛四业护摩烧施火供。为了庆祝顺利完成火供仪轨,众空行男女跳舞唱歌,朝拜者偶尔能听到空行男女弹奏琵琶和多弦琴的声音,于是朝拜者在此唱歌跳舞,有时还能见到下部岩洞中两个魂湖的水汽。在空行母修炼不死长寿法的地下,还能挖出当时从龙宫挖掘出来的 108 种会供肉所留下的骨头碎片。

宗莲花顶岩洞是由空行母益西措杰变化成旱獭禅师开启的胜迹。此圣地门是中阴路,因此特别难前进。在此岩洞内可以拜见到空行母头发、静猛神众的静神四十二尊、猛神五十八尊像等许多天然形成像，从天然形成的桥和乌龟下面走过，就不会被土地神和龙妖加害。一见到“见解脱佛塔”就能从三恶趣中得到解脱，向菩提塔祈祷，能心想事成。此岩洞非常深，直接连到文地区的达仓桑珠给仓洞。据说，以前从文地区的狗羊岩洞放狗和山羊进去，过了几天后，才从宗莲花顶岩洞出来。目前，在岩洞内还能见到天然形成的狗和山羊像。

总之，宗十万佛像岩洞内有无数奇特的天然形成的像及珍贵的寝洞等。外面的须弥山和莲花山等，树木花草茂盛，各类野生动物自由奔跑，可谓百鸟齐唱，鲜花烂漫，从岩洞的门旁喷涌出甘露水，潺潺流淌。因此，此地又是修身养性的好去处。

西藏的第一座庄园——朗赛岭

从泽当出发，行驶 28 千米就可到达朗赛岭庄园，此庄园位于扎其门卡绒村附近，因此，以前叫门卡扎西董或扎西绕丹。后来，庄园不断扩建、修复，成为一座规模宏伟、形制优美的庄园，好似毗沙门天王的宫殿，故名朗赛（毗沙门天王）岭。

13 世纪中叶，萨迦派在元朝中央政府的支持下在西藏建立了十三万户，并统治西藏。帕竹万户在自己的辖区内施行一系列变革措施，巩固自己的权利，扩大自己的势力。在多吉白担任帕竹万户长时期，建立了颇章冈、聪堆扎卡、乃东、尼木、哈洛冈、塘波且林麦、门卡尔扎西董、甲塘、加孜直古却丹林、且噶尔等许多庄园，其中，门卡尔扎西董庄园就是朗赛岭庄园。

朗赛岭庄园规模宏大，设计精美，楼层高，庄园内不仅有许多寝室，而且还有佛殿和护法神殿等，尤其是在庄园的里外两堵围墙之间有一条护城河。这些目前依然存在。

拉加里家世

佐证第巴(头人)拉加里的悠久家世及其门第与政治权益的珍贵文献,曾收藏在岩穴中。其中大多毁于雨淋,现已无从稽考,虽经多方查询,仍一无所获。兹将其他文献资料中所述及、采访尚健在的原拉加里随从、属民中的一些老人所获材料,一并整理于后。

拉加里府邸之方位及其建筑

拉加里府邸坐落在古城泽当东南方大约70千米处。在其北面有一土丘,高约一百余米。府邸就修建在这片土丘上,是三层楼房。府邸前的广场是用白石铺砌的地面,其上有用各色石块拼成的“八瑞祥”、“七政宝”、“五妙欲”等图案。广场中央为每年藏历正月跳神的场所,可容纳艾钦日果一带五寺喇嘛同时献演。艾地的能工巧匠多,故府邸建筑坚实、宏伟。府邸以北的林卡面积比拉萨的罗布林卡要大三倍。林卡内建有别墅,别墅的建筑独具风格,门帘屏风,花雕彩绘,龙飞凤舞;四周有花草树木环绕,并在幽静处建有一方浴池。

拉加里谱系

第一任赤本(万户长)吐蕃赞普嫡传亚隆觉沃贵胄拉(神)·扎勒南吉。他来到艾地上部的温泉村，盖起一小间房舍。时见附近山上火焰腾腾，甚为惊奇。细观之，原来该处“加伍叹”(草名)草丛自然起火，此乃吉祥之兆。随于此山附近建起寺庙与庄园。寺庙被称为加里寺(加伍草山庙)。庄园废墟及温泉，至今仍能见到。

拉·扎勒南吉居住在加里宗堡，居赤本之位，与第一世达赖喇嘛结为供施关系。在加里角楼举行新年朵钦(抛施食驱鬼)仪式，定为例规。当他来到艾钦日果一带时，征兆显示祥瑞，村民奉其“献客”青稞人均一克。他遂成为当地首领，在日果曲宗修建了官府、殿堂。

其后，拉·晋美旺秋继位，生子拉·强巴热布旦与拉·玉廓旺秋两兄弟。

拉·玉廓旺秋建起了沃卡达孜宗堡，恰如楞伽(罗刹)之城搬到了人间，便开始统治该地庶民。

其后，拉·索朗热布旦同宗三兄弟中，由他继位，在切嘎宗附近建立寺院，依佛法掌政。

其后，拉·格登班巴继位，笃信佛法，尤崇宗喀巴教派。在若巴杂地方(今桑日县境内)收服难以驯服的邪恶之徒，取下其血淋淋的首级，可谓无所畏惧，披坚执锐，所向无敌。

其后，洛桑土多曲杰嗣位，素怀慈悲之心，力避人为兵戈。然而却有一些鬼使神差的亡命之徒,屡屡挑衅骚扰,终被其臣僚索朗热布旦等人恩威并施制服。赤本向从善事,尤重密宗瑜伽之道。

其后,拉·阿旺格登热布旦明久朗吉继位,教业愈加兴盛。在此前后,艾地六寺(即:东卡、东司、拉争、洛卡、日果及切卡)香火旺盛。历任赤本分别赐予各寺庄园、房产、属民及山水草场等,颁布文告,确定各寺修供本尊、四六续部、密集、胜乐、大威德的年度法事仪轨,建立冬夏定期法会,严明僧纪,诸项佛事得到长足发展。

此间,曾有两位人称牙麦(地名)法王的兄弟,其中的幼弟之侄云登堪布曾进住艾地拉争、洛卡两寺讲经授法,广为布道。而在东部塔波地区享誉一方的大寺院塔波扎仓,最初僧人甚少,又无庄园、属民,资财匮乏,仅靠信徒布施捐赠,故被戏称为"出世扎仓"。拉加里理政以后,每年迎请该寺僧众进宫举行为期两个月的复祀,给予其丰厚供养。尤其每日早餐按僧徒名单供应糌粑,每位僧徒可将各自的钵盂尽量添满,故而受施舍的僧徒都可能有多余的糌粑收藏起来,以致藏历六月四日阿、塔、杰三寺在曲廓吉寺集会安夏时,僧徒可将各自存放的糌粑拿到附近牧区换取酥油。僧徒既有所获,则修习日纯,声誉亦渐高。凡此种种,全赖犹如第二授食者之恩德。

如上所提,因可查文献资料极少,先辈赤本之事迹无法详细记述。

到了近代,自拉·多布久旺秋至末代赤本拉·朗杰加措,共历四任。

拉·多布久旺秋及其胞弟朗杰旺秋，祖先为何许人，已无从稽考。多布久旺秋成年后，迎娶世族名门霍尔康家闺秀为妻，生有长女白玛德钦、二女白玛曲吉、三女白玛央金，长子晋美旺秋、次子晋美朗吉（此人入塔波扎仓，修习显密经典，因其通晓佛理，成为该寺住持）。拉·多布久旺秋向喜汉族风俗，平时爱说汉语，穿戴汉饰。在他任内，拉加里地区建起教授藏、汉文的学堂。在王宫下方的河畔修建用于娱乐的豪华别墅。室中陈设、布局全仿照内地皇宫制式、悬挂的字轴、画卷也都是出自汉族名家手笔。此别墅在当时小有名气，人说可与拉萨罗布林卡相媲美。

其时，拉加里与巴塘第巴（头人）的生意交往，颇为密切；与打箭炉、云南等地，商旅来往频繁。多布久旺秋喜欢内地产的绸缎、瓷器、装饰品。

藏历木鼠年（1912年）川军哗变，发生战事，多布杰旺秋被控支持川军，被迫逃难至偏僻属地曲沃庄园。时西藏地方政府大堪仲阿热嘎布携文告专程赶来，与山南机巧巴尔康·益西土登联合进行追查。赤本又躲入夏诺强，终因处于绝境，吞服钻石，自杀身亡。此事累及到赤本眷属多人，夫人尼玛拉姆及其幼女白玛央金被流放到桑耶，长女白玛德钦流放到沃卡落户，惟二女白玛曲吉因已嫁为世族喀麦儿媳，得以脱难。

在此前，多布久旺秋胞弟朗杰旺秋少公被十三世达赖喇嘛委任为抵御川军之主官，伦钦夏扎将状令及部分士兵交其指挥。因这部分士兵不精壮，少公提出招募有识之士及强悍流民，即被采纳，组建所部，并由少公统领，在波密作战七日，率部凯旋拉加里。此时部下提出要除掉夏诺强，然少公之意应先灭外敌。之后，将在贡布麟的两名川军押上，施以一字架刑后执行枪决。随后端上青稞酒与切玛酬谢战神，庆贺胜利。不久，噶厦传令少公所部立即开赴拉萨。临行之前，在拉加里府邸附近的沃波拉斯和曲点布两个地段，部众齐集列队，军容整齐。少公遂率部众300余名，翻越切拉山口，向拉萨进发。歇宿泽当时，邂逅汉商小女强巴卓玛而钟情，遂至拉萨。后生子格桑念扎，该子后来继位。

在拉萨作战时，指挥部设于恰布曾林卡。少公因胜而骄，淫乱放纵，以致佩带的护身符失去法力，最终死于敌人枪弹之下。

拉·多布久旺秋死后，其长子晋美旺秋继位，按惯例举行了隆重的坐床典礼。拉加里臣民指望晋美旺秋在政教方面，能遵祖规，肩负其责，贤明理事。然而这位赤本的言行却与拉加里的德望、臣民之祈盼大相径庭，不能自持，且性情暴虐，经常毒打身边随员和属民百姓。并在拉加里官府及赤本私邸大门两旁拴上猛犬，前来谒见办事的臣民，往往被吓得忘了正事。赤本贴身亲随有一名叫索南次仁（绰号野羊）的，赤本因曾占有其妻，故对其较迁就，此人时常将随员、仆从或属民富户中收藏有古物珍玩的人，密报给赤本，然后威逼勒索。随员平措旺久之岳父被派往内地经商，返回时带有一批私货，被索南次仁发觉后，密报给赤本，平措旺久的岳父当即被盘诘追查，只好将货物送请过目。赤本不问其他，统统予以没收。由于赤本一贯干坏事，不思悔改，于是臣民们合谋后，请来艾曲朵江地方善于星算的芽雪仲义杆达，为赤本卜算年庚生辰。据传，卦辞为：赤贫空手，水火相交，逢时凶厄，不宜俯就。该赤本对其发妻毫无亲情可言，时常粗暴虐待，夫人只得悲郁地回归娘家。是故，拉加里族人、臣民将赤本不义之事一一暗报噶厦，夫人亦让其父萨明（即噶伦）赤门上诉。不久得批示：令晋美旺秋赤本速来拉萨。赤本受命赶到后，噶厦即予传讯，证实原告诉讼成立，遂判决废其爵位，由拉加里官府在巩麦扎西康萨为其另建住宅，让他单独居住，适当给予资财。晋美旺秋在该地居住十余载，此后应本人要求，又迁居曲窝庄园。此地山青水秀，草木茂盛，环境幽雅，实为行善修习之胜地。然而他却凶残秉性难易，致使当地百姓处境窘迫，被迫逃离，生产也一年不如一年，连粮食都不够吃。其时庄园佣人及随员大半已逃去，只剩三名仆从在身边，可这三人仍不断遭受折磨，致使一名女佣投江自杀。因其余生在曲窝庄园度过，故人称“曲窝赤本”。“曲窝赤本”于1959年民主改革时被捕入狱，1960年在贡布拉孜岗监狱病故。他只有一子，曾指望其继任赤本，但因其父辈之过，噶厦政府迟迟未决；又不幸突然聋哑，早年夭亡。遂决定由拉加里少公朗杰旺秋之子格桑念扎继位。

格桑念扎于16岁继位，依照古制坐床。并根据占卦所示，娶山南贡嘎地方沃布加拱之女仁增，嫡出长子朗杰加措、长女格桑群宗、次子念扎（1959年去国外）、三子格珠（早年夭折）、四子罗布（1959年被捕，刑满后在拉萨五支队就业），幼子为直贡琼仓活佛（现居拉萨）。

格桑念扎亦不务正业，不事赤本之职，却喜好骑马射击。常令属民之子高举钱币做枪靶，一次一孩童竟中弹丧命。素不坐镇府中理事，游荡街市，贪酒好色，虚度光阴。夫人在室，仍时常奸污女佣、纺毛女奴、随员妻室、女朗生等。且经常凌辱其夫人，最终与绒巴康民女索南央宗姘居，让她穿得花枝招展，携带外出。因赤本德行卑劣之极，故民间称其为“疯赤本”，可谓声名狼藉。

十三世达赖喇嘛49岁年忌时，依照古制，拉加里赤本应专程前往拜祝长寿。诸亲眷不免忧心忡忡，唯恐其不能圆满顺遂。不想在正式祷告时，赤本念诵“受扎”颂辞，竟朗朗上口，吐字清越，仪轨圆满完成。事后有人说，“他并非疯赤本”。因赤本个人品德不端，且不胜赤本重任，于是拉加里臣民公诉噶厦，请求免去其职。后得批示：在伊子未成年之前，由嫡亲吉宗益西旺姆执掌拉加里事务，格桑念扎本人卸任赤本职。据此，在绒巴康为其建宅分产，他便与绒巴康民女索南央宗同住，格桑念扎在40岁时去世。格桑念扎从贡嘎沃布娶的正房夫人一直留住拉加里府邸。

吉宗益西旺姆代理赤本十余年，将拉加里内外诸事操持得圆满妥贴，使各寺传承接续无误。她的突出之举，乃是对派驻各庄园的臣属，严禁其携妻室赴任。她自己外出时，无论路途远近，总是扈从多人，马队前导，颇讲排场。1959年，益西旺姆65岁时寿终。

拉加里第四任赤本朗杰加措，生于1928年。成年后，在本府习文数年，后在噶厦仲译处学习，并拜诸大活佛闻习密宗教法，循例修持加行积净之功。1946年，在举行坐床典礼的同时,娶四品官仁岗巴闺秀白玛央金。新人由仁岗巴代理人穷结崩塘仲译一行护送，自拉萨至贵拉山口，数日后行抵艾泽堆。强佐巩波康萨·朗吉旺秋为拉加里代理,率十余骑从,前来接应。次日乃宿暇顺和之日。白玛央金身着盛装,佩带珠宝首饰,于该日甘露时分,被迎至拉加里府邸。府邸露台上悬挂着吉祥彩带、经幡,熏烟煨桑(香草)。新人一行在鼓乐声中徐徐进入拉加里府邸庭院中。新妇足踩马镫翻身下马致“比谢”;步人二门,致“果谢”;前往楼梯口,致上梯赞。如斯以吉祥的语言为前导,新妇在随从女佣搀扶下走进正殿大厅。此时,赤本已穿戴好先王袍服、颈饰、耳坠,端坐宝座之上,新妇遂轻趋坐其旁。始举行庆祝典礼,端上茶、饼、饭,逐一敬献卓苏切玛与青稞酒。之后,摆放拉加里官府及新妇娘家仁岗的陪嫁礼物。送亲和迎亲的双方随从,依各自品级,敬献哈达后落座。之后,由迎亲傧相为新郎佩带地玉顶饰,并致“玉谢”,献演协钦,侍女捧起斟满醇酒的银碗,进行“丕多”。之后,按惯例,由噶厦派遣孜本作代表,颁赐盖有内宫印鉴的文书。

大厅礼仪毕,遂来到府邸露台上,举行宫顶祭礼。首先由送亲傧相致“塔谢”,并在新妇生辰星宿方位竖立经幡;同时由护法师煨桑敬神；而后送亲迎亲众傧相举行吉祥“拉杰”。各项祭礼毕,返回各自寝室小歇。

举行婚礼期间,赤本夫妇愉快地接受宾客、属民馈赠的贺礼。联欢七日,进行各种游戏及歌舞表演,气氛热烈隆重。最后举行吉祥散席宴。

在十四世达赖喇嘛坐床典礼上,赤本依古制念诵祝寿经致受扎赞礼，皆无一遗漏，异常出色。

1956年，西藏筹备委员会成立后，山南基巧办事处宣告成立，朗杰加措赤本被任命为副主任，夫人白玛央金任妇联副主任，其胞弟念扎当选团委委员。赤本对工作极端负责，倡议到祖国内地参观、学习。在赤本关照下，拉加里宗办事处得以设在拉加里下宫，同时组建了青年团、妇联、歌舞团，创办了学校。1958年，临近叛乱之际，这些机构都解散了。

1957年，拉加里臣属巩波康萨强佐之子晋美在孜本南木林班觉晋美引荐下，经申请，获得地方政府雪仲职位。而赤本认为该员既系拉加里属员，便不适于为地方政府供职，据此，决定正式亲报。事先与萨旺(即噶伦)索康·旺钦格列及孜本南木林私下磋商时，二人对其进言：巩波康萨虽为拉加里下属，但不让其为甘丹颇章效劳，委实不妥。且赤本大宝爵位虽高，却属山南基巧(总管)堪穷(小四品僧官)辖下，等同于一般宗。为不至于屈薄，何不在赤本任上再申请扎萨品级。经此一说，赤本遂生此念，不久呈递了申请。由于有人缘，终如愿以偿。

1958年5月，“四水六岗”的50多名匪徒突然来到拉加里，有几个匪徒爬上府邸露台，肆意开枪。领头的江贡群则、鲁珠强佐、恰争强佐等匪徒则径直窜入赤本寝室，抓起赤本双手，威胁道：“支援山南一带汉人的罪魁便是你，今天我们可要杀你。”夫人及众随从见此皆惊恐不安，不知所措。时值塔布寺僧众前去曲廓吉寺安夏之前夕，经该寺堪布、翁则，向康巴匪徒一再说情，事态方有所缓解。趁此时机，赤本夫妇及随从十余人连夜逃往直贡寺，随后又悄然隐居拉萨。1959年拉萨平叛时，朗杰加措赤本被捕入狱，至1979年获释，不久被安排为区政协委员。

拉加里的传统祭典

藏历大年初一日（以下亦皆为藏历），黎明寅时，在扎西曲宗府邸露台上，赤本身着盛装，由随从簇拥着，向班典拉姆（吉祥天母）献“朵玛”（食子神供）做祷告。随后来到正堂，再次向该神祇献朵玛，而后回寝室歇息片刻。朝阳普照时，在正堂正式举行新年典礼。赤本身着团龙黄缎袍，脚穿彩靴，佩带小刀碗套，金玉耳坠，头戴狐皮圆帽，登上典礼宝座。夫人身着黄缎皮袄，外套黄缎吞袖衣、褂子及五彩披单，头戴珍珠巴珠（发夹装饰），胸饰镶宝盒，戴金耳环，颈挂翡翠项链，中间挂着“居谢”（一种念经时数数用的念珠），腰系华丽的钱袋针盒，戴着珍珠额饰，端坐于前排首位。在其后，强佐、涅巴、准、仲、仆役亲随共三十余人、朗生七十余人，依次各就各位。之后，由两人端茶开始斟茶。敬一道茶时，胜尼右膝跪地，从袍服怀中取出茶碗，斟满茶后，自己先尝一口，以示无他，之后始向赤本的高脚杯中敬茶。随后向左右两席依次斟茶。由主祭领诵《茶祀如意经》后，众人始品茶。在斟第二道茶时，端上油条、米饭，先供奉神祇，捧上“卓苏切玛”及银串、银壶，进行吉祥“王多”，并供嘎卓、酒浆等饮料、食品。用毕，由强佐领先，众随员朗生次第敬献拜年哈达，再由塔波寺两名格西敬献上品哈达、受扎、旦松，并朗诵祝福礼赞，其内容包括：拉加里世系简史，与塔波寺结成供施关系之简史，祷祝此等关系如日月相映，永世长存，并向赤本施以碰头礼。为兆示吉庆，两格西还进行短时因明答辩，而后各自入座。斟第三道茶后，再斟散席茶。至此典礼即告结束。

大年初三日，进行长途跑马预赛。由拉加里官家派赛马四匹，由臣僚派送三十余匹，“塔穷”不必支应，此乃依据诸臣僚世袭封地大小所定。参赛骑士均为13岁左右的童子。当人马在迥嘎尔场地聚齐后，拉加里官府领经师便在府邸宝顶煨桑、供神酒；随后由拉加里赤本乘马启行，至中途停下，面朝府邸脱帽施礼，表示赛事预备齐毕，遂鸣枪开赛。各骑同时起跑，终点在嘎迥山庙下方佛塔处，由仲译按到达先后发放木牌，然后骑士们一齐进入府邸大堂，赐茶饭，并按赛马名次颁发奖赏。

初四日，举行正式赛马。这天在迥嘎尔广场搭起帐篷。赤本携夫人、子嗣及扈从在临。首先奉供茶、粥、米、面之类饮食，其后开始赛马。赛事分为大、中、小三种规模。大赛时，骑士身着浅红色藏袍、脚蹬棕色呢面彩靴、头戴红续圆帽、腰佩小刀碗套、宝盒、弓箭袋、外套锦缎（或绒布、毛呢）短褂、长裙。中赛时，穿绿黄色呢服、毛绒靴，其他装饰同前。小赛时，穿紫红色毡毯衣、皮靴，其他装饰同前。人马全部到齐后，由仲尼逐一检查行装、鞍具。开赛之前，参赛骑士行脱帽礼。然后，进行跑马比赛三次，驰马射击、射箭两次，徒步赛跑一次。在终点，涅巴身穿紫缎衣、外套朱红褂、佩带小刀碗套、长耳坠，仲译着红缎衣、肩挎掖须筒，坐在垫子上,边观察赛事,边记录成绩,并对优胜者照例赏银七钱五分。之后,侍女向赤本、夫人及其随从敬酒,赛事告终。

初五日,为扎西曲宗宫中树旗之日。是时,按成规宰杀牦牛一头,剥下牛皮包裹旗杆,将肉切碎分与诸侍从就食,象征起餐效忠拉加里。据说,若违公约,捶响宫内大鼓13下,便会遭到绒拉江村神的惩罚。

初八日,赤本夫妇携臣属前往上宫露台,祭祀绒拉江村神,并开启常年封存的朵玛柜(存放供神食物的木柜),加添朵玛、珍宝,然后重新加封。随即上茶与素餐。祭祀告毕。

二月八日,赤本夫妇携臣属前往配殿,向绒拉江村神举行冬祭。亦按成规,当场宰牛敬神。诸臣僚属员为示盟,均尝一小块血肉。

五月八日,赤本一行五十余骑前往配殿,举行夏祭。

五月十八日,赤本一行二十余骑前往日曲寺,迎请护法神。

六月八日,前往洛曲德寺,祭祀五王、夜叉。

十月二十五日,为宗喀巴祭奠日,在府邸宝顶摆设云供,吹号鸣鼓。

十二月二十七日,为大年初三赛马预演日。凡支应赛马的各臣属,均应亲临现场。参赛者在跑道内练马。第二天方回各家。

十二月份,扎西曲宗寺及日曲寺派出8名僧侣,在拉加里旧宫修供本尊金刚大威德。

二十九日,举行掷施食火祭。主祭金刚师身穿密宗服饰，二十余名仪仗僧徒披上华丽法衣，吹奏鼓号乐器；献艺人亦着盛装，为仪轨鸣枪。赤本夫妇携子嗣、亲随，盛服坐于正殿格窗前，观看掷施食及跳神。

十二月三十日，来自艾地九座寺院的护法咒师，在前叙述的旧宫进行修供之后，于当日举行名为“罢纵”的抛施食逐鬼仪式，并由三十余随从鸣枪驱邪。

拉加里所属庄园及其收益

拉加里的庄园有：绒含康、切嘎尔、冲达、江伦布、呈洛木、曲沃、绒脱马、第吾若、恰阿尔、康涅、甲玛、当木、玛颇、达热、吉地、龙、也地、争卡尔、仲朵、邦达、伦孜格吉等大小共21处，耕地总面积2810克。历年收成由各谿堆如数上缴，按一般年景七成计，年收入粮食19670驮。

属民划为大小27个顶，上缴赋税80.5顿，历年按例向噶厦上缴粮租2515驮，支应“三晌”税藏银1222两，分别上缴噶厦、普布星涅、糟西勒空。支应汉制兵役，原规定为31人，然而在十三世达赖喇嘛时期，在原来兵役名额基数之上，又以2：1增招古松玛米计为15人，而将此均摊到80.5差顿后，合共20人。

牧场共9处，大小牲畜有牦牛1930头，其中母牛1280头，平均每头产酥油2小驮，计收酥油1280大驮，奶渣320驮，毛绒113驮；绵羊950只，每只产毛2斤，计收羊毛380驮；山羊50只，每只产毛1斤，计收山羊毛2驮。

从以上粮食收入中，每年提出一部分到外地换购酥油

1300 尅，整牛腔子 60 个，盐巴 250 克。在拉加里辖内概不屠宰，此做法一直相沿至民主改革。

为管理钱粮税收，挑选臣僚 2 人再加上日果寺与拉争寺各 1 人。4 人除负责购置如上必需品外，还负责向外销售粮食，用以按期上缴噶厦的债息。若有延误，则要由此 4 人负责。

拉加里年度佛事供奉

相传在拉·扎勒南吉任内，有一天，赤本在府邸宝顶消闲散步，俯瞰远近风景，看见附近道路上走来 7 位温文尔雅的僧人。原来是塔波拍斯地区谢珠林寺的僧侣，他们是为该寺法事供给及僧众生计窘迫，专程前往噶厦申诉的，因没有结果而只得返寺。赤本将他们迎至宫内侍奉，问明情由后，赤本便应允自此永做谢珠林寺的施主，该寺则为拉加里宗祧长寿而祈祷。如是双方承诺为福田施主如日月交相辉映。从此，塔波寺僧众在往曲廓吉寺安夏途中，经过布昌拉山时，专至拉加里府邸。时间在每年藏历四月三十日至六月四日期间，僧侣人数不限，供奉佛像，聚会诵经。官府则逐日侍奉，发放布施，向每位僧徒日供糌粑 1 斤，另供每人糌粑四钵盂，由僧徒自行掏舀，尽可盛满。

六月四日，赤本身着华丽官服，亲临诵经会，由塔波僧众及堪布活佛奉献曼扎、三佛田。此等良规，相沿不衰。安夏毕，众僧返寺后，在本寺经院朗诵《度母经》五遍，《般若经》三遍。这一举措直至民主改革，从未间断。

在拉加里府邸，每年举行一次日果法会。艾地九寺僧众都来参加，其中日果寺150人，拉争寺60人，东嘎寺50人，第吾热寺17人，甘丹曲丁寺10人，拉里寺30人，洛寺40人，堆司寺35人，共8寺392人。因绒切嘎寺后来单独举行法会，就不参加拉加里的日果法会。每年藏历正月初五日，以上僧众在拉加里府邸集中，按寺占坐排位，法会为期15天。按惯例，由日果寺负责维持法会期间的秩序。其间，拉加里官府在佛像座前摆设盛大会供，并为法会全天供奉茶、粥，供品及供器，均按清单如数供给。同时，信徒们的布施供养亦颇丰厚。

正月十五日下午，在官府大院里，日果、拉争等寺分别搭起舞场帷幕。十六日清晨，星宿顺和甘露时分，开始跳“羌姆”神舞。各寺执事及僧徒身披华丽僧装，吹法号赛乐，手举伞、幢、五妙欲模型等，组成仪仗队，鱼贯入场，在帷幕内落座。始跳净地神舞，先出场愤怒金刚主仆，其后出场四大天王、赛林夫妇、黑帽咒师、绒拉江村神主仆、布袋和尚师徒等，跳起称之为“拍羌姆”的神舞。舞毕，举行抛食驱鬼之火祭仪式。先由拉加里武库管家向三十余名随从射手发放土枪、火药及导火绳。这一天，赤本夫妇携亲眷在正殿向阳格窗前观看跳神。在此期间，泽当等地商人来做生意。拉加里辖区僧俗人众、桑日一带善男信女皆赶来观看跳神、朝拜，买卖货物，颇为热闹。

十六日上午，在大藏经殿，由三寺僧众集会诵经。赤本身着先王服饰（即松赞干布服饰）与会主持，并进行朝佛、献供、布施等活动。

十八日下午，抛食驱魔。艾地八寺僧众仪仗，由日果寺翁则身着咒师盛装任主祭。抛食之际，几十余名射手同时鸣枪，若出现哑火等故障，仲译便用皮鞭抽打。射手分左右两队站立，鸣枪后，右队进正门，左队入后门，缓步来到大院内，举剑致意，口念咒词。主祭众僧诵经祷告，仪式完毕。

绒切嘎寺僧众计有百人，原为艾地九寺之一，但曾在一次法会上，因上下各寺出现不睦，此后该寺便从每年二月一日起，自行在切嘎庄园举行为期 7 天的法会。其间佛像供品、僧众供养概由庄园负担。

二月三日上午，进行长跑比赛。然后由庄园属员备马 7 匹，进行跑马、射击、射箭比赛，并由庄园颁奖。此间附近地及泽当等地的商人赶到，在朝观法会的同时进行货物交易，亦十分热闹。

二月十五日，举行弥勒灌顶。将弥勒佛像置于轿中，由日果寺僧众抬出，并组织法会仪仗，高举幢、幡、八瑞物、五妙欲等祭品，吹奏法号乐器，簇拥着佛轿，绕行转圈。是时，赤本身着黄缎袍，头戴铁环帽，脚穿彩靴，佩带小刀碗套，带领随员仆从，一同参加转圈。而于此前一天，日果寺及拉加里官府两方在罗布林卡均搭起“措枯”、“兀枯”、“塔枯”。转圈时，首先接弥勒佛轿及随行仪仗僧队至林卡帐中，将佛像供在僧众聚会中央。此时日果寺僧众扮演的和尚由施主师徒三人且舞且行，逐步登场，向弥勒佛施叩首礼后落座。紧接着由赤本叩首行礼，敬献哈达，然后步入“兀枯”就位。之后，日果寺僧众举行 3 小时诵经会，供茶、粥。赤本偕家眷就餐毕，便开始射箭娱乐。林中仪式结束后，赤本继续同仪仗队一道转圈。一仆人肩杠木椅，在沿途歇息处安置，供赤本就坐。仪仗转圈就此结束。

拉加里家臣属民所得薪俸与奖惩

授受封地的有:2名强佐、3名准仲、2名涅巴、10名亲随及1名塔穷(固定骑从)。此外,领工钱的人有:贴身男仆8人,贴身女佣8人,清扫工8人,织毯工2人,缝纫工10人,捻毛线11人,饲马2人,骡马夫3人,驴夫3人,印染2人,饲牛2人,饲犬1人,护林2人,9个牧场放牧员计52人,牧羊2人,总计134人。年饷每人青稞20尅,另发两只羊所产的羊毛。对牧场的放牧人,根据毛、肉、乳产量的多少赏给粮食、衣物。若欠缴产品,则扣发粮饷;如所欠量大,要罚没财产。

拉加里辖内各种税收中,课征的实物有桃子、核桃、榆树皮、白土、藏纸、灯芯、香絮、大蒜、葱、肉、酥油、红土、木材、鸡蛋、陶器、黄金等等。课征现银:人头税(不论男女)年均征藏银1两。

征税区划为27个顶。按惯例,年贡参见礼送赤本哈达1条、整羊肉1腔;送强佐每人羊肉半腔;送司磅、文书、管家每人羊腿1支。

前述之黄金税系从帕奋丁、宗雪两地征得。税额为人均5司瓦,即一顿计1钱。往年1钱金价为藏银12两,以后上涨为30两,亦需按此价格缴税。该地另需支应磨糌粑、织毯、榨油等徭役,亦即由官府提供磨制上品糌粑的青稞、榨油的菜籽、缝制棉帘用的羊毛等等,由当地加工完成。

另支使辖内金、银、铁、石、木、雕、泥、缝、绣、皮、画、垫、毯、被、裙、帐等各行工匠各显技能,仅支付少许口粮、工钱,一般视为徭役进行摊派。

拉加里的家臣随从、属民、朗生亡故时,需按各自身分交纳出殡税。即:随员亡故,献哈达1条、该品级牛服1套;塔穷亡故,献哈达1条、该品级牛服1套;属民或朗生亡故,献哈达1条、章嘎1枚。属民新生婴儿登记时,需献哈达1条、章嘎1枚。

估产排名仪式

每年藏历一月十六日,进行一次估产排名。是时赤本夫妇端坐正殿向阳格窗前,强佐坐在强佐室窗前。在大院估产排名场中,仲译站在铺着缎垫的方桌之上,宣读《典章十八条》,并训戒属民必须时刻效忠拉加里,凡其属民都要遵守拉加里官家法律及绒拉江村十三尊护佑神的管束;如若反之必将遭到惩处。在仲译两边,站立着众随从、各纳税村的更保。随着仲译依次宣布估产名次,第一名赐坐三层厚垫,面前摆高桌、盖碗;第二名赐坐两层厚垫,摆平桌、盖碗;第三名赐坐一层厚垫、摆矮桌、碗。最末一名,坐无毛革垫,面前铺张牛皮,其上放上茶酒残渣。众人坐定,即由强佐按排名坐次颁发奖赏、献哈达。随后由得奖者的亲眷向其献哈达以示祝贺,估产仪式完毕。

拉加里辖区内的神秘幽谷

在拉加里府邸东北面，有一处叫做白笼（隐地）的十分幽静的地方，系由贡唐祥高僧所开启。此地有座叫烧峨的雪山，恰似一位手握兵器的武将，顶峰好像站立着一个人。山坡草地又连着多座石山，西侧崛起的玉热俨如施玉砌成，岩层之中还有奇异的修行洞。北侧是丁卡绒，那里流水滔滔，流经门状断崖。传说此地有宝石矿藏。再往北，在一块巨大的正方形岩石上，坐落着一幢两层楼的神殿。底楼为僧众聚会堂，二楼为护法殿，供奉有一尊黑石雕刻、十分灵验的四手护法神。此殿平时封闭，不得随意朝拜。只在每年一月十三日，赤本轻装简从，到此小住一周，为此还专门建有寝室及护法师居室。神殿附近平坦的草地上盛开着各色鲜花，也生长着如冬虫夏草之类的名贵药材。神殿周围杜鹃芬芳，松柏青翠。下面是茂密的刺槐、山柳、桦木丛林，林中野兽出没，百鸟争鸣。

草地中央还有绰曲拉措和底夏拉措两湖。湖水斑驳陆离，游鱼如织。来此朝圣的人，为了洗净杀生罪过、表示忏悔，将各种刀、箭、枪支或金银珠宝投进湖中做贡品。这些贡品在湖底清晰可见。还有所谓检验善恶的地方，人们从岩底穿过，据说罪孽大的便不能通过。距此不远处，陡立着高约十几层楼阁的悬崖，可手攀架设的木梯而上，但见一方称之为空行母舞场的神奇平坝。绕场一周，叫做“宗角乃廓”。据说，转一圈可治痛疾，转三圈可免轮回之苦。

此圣地尚有一口传为贡唐祥高僧加持之酒坛。坛中酒水用于给朝圣的人品尝，以受其福力。当初酒浆从不枯竭，因有人生奇，揭盖窥视，从此便不满了。最初其酿酒用料靠化缘所得，遂形成一种习俗，即香客每饮酒一大碗，便献供酒料青稞2升。即便是拉加里或其他显贵富户，亦只能饮一大碗。但因其神力广大，缘其瑞祥，故均予饮干，并同样供奉酒料。如此，酒料青稞年收入50尅许，有专人保管，并进行清数交接。酿酒余粮则用作每年六月份护法殿佛事支出。人说此酒非同一般，即便是嗜酒之人，饮尽一碗，也会醉倒。酿酒时无需任何保温措施，将酒坛置于岩石之中，届时即能自行发醉。贡唐祥所赐酒坛，一直保存到民主改革时。

该寺殿堂为宁玛教派，僧尼共十余人，平常男女同进早茶，午后诵经会上一律饮酒。

历任赤本之特殊税收及南北两室

凡在拉加里辖区之内用水放牧，其牛羊无论属于官家、寺院或私人，均得缴纳总收入十分之一的税赋，称之为“赤本牧畜税”。此税由拉加里管家的代理人课征。另有“赤本税粮”、“赤本税金”等，由辖区内纳税单位80.5个“顿”分担，计征青稞115尅、藏银50两。同时艾地各寺、各户视其财力，亦得向赤本进贡“谒拜”贺礼。

过去，拉加里曾出现过一位赤本的三位子嗣为继位发生争执的情况。时由次子继承，长兄与其争权夺位，遂分袂为“夏诺强”。夏诺即长兄公确塔吉，在划分田产时，他争着要“机松”，果然分得上、中、下三地和曲朵北、帕麦、玛热等地，是故这一带至今一般仍被称为“机松”。如是形成南北两宫室，属民各归其主。主人前来接收时，均献参见礼，并予隆重接待。日后却登记造册，成为一种税捐，一直沿续到1959年民主改革时。

拉加里的文化事业及辖区内的金矿

拉加里所属艾堆有沙金矿。当地百姓多以淘金谋生，需向拉加里官府交纳少量金税。拉加里委任的金官需向固朗缴纳金税。在1917年前后，一锭金折兑现银20两。买方系尼泊尔人等。凡有购者，一律出售，并无限制。拉加里委任的金官名仁米，家底相当厚实。

历史上，噶厦政府从艾地招募的能抄录文书的人被称为“艾出”，必须能书写楷体、行草、梵文、乌尔都文、蒙古文、咒文及各种新体字等，并且当他能制造各种纸张、各色墨水时，便被录用为技工。当时供写密文用的墨水系用“水、土、火、风、空”五行特配而成。若缺此技艺，便不能使密文文字显现出来。研制藏墨、朱墨的方法也多种多样。还能印制纸币及各种书写本。这类技工有数百人，他们各展其技，各有其位。艾地文员大多拥有一岗(计税面积单位)地的山水草木所有权，并颁发免去一切差役的凭照。

历任山南总管简况

第一任山南总管

第一任山南总管巴尔康·益西土登系亚达南赛欧地方人，起初在乃东孜措巴寺为僧，后进入拉萨僧官学校就读。从僧官学校毕业后在噶厦政府机关服务，并先后担任过新龙总管、摄政王达擦·阿旺班典知宾。达擦摄政圆寂后，木龙年(1904年)参加江孜抗英战争。

在战争遭到失败的紧急关头，他原来在新龙总管任满回来时带来的仆从阿迪曾救他伪装出逃，因此，后来他对阿迪就特别器重。

益西土登辞职回到母寺孜措巴寺后，与亚达地方洛追家的女儿旺姆成婚。1909年，得到十三世达赖喇嘛器重，以退职官员之名被任命为山南总管，令其酌情处理乃东、琼结、隆孜、森格宗、多瓦宗、错那、贡噶、浪卡孜、桑耶、沃卡、加查、古郎等宗及达玛路堆、拉康黔堆、扎其路堆、札囊璐堆、温璐堆、朗努堆、吉木东黔堆、多璐堆、桑日路堆、尺古路堆、甲日佐巴等辖区内的各项事务，而不必报请噶厦。同时，还令其负责管理山南地区各大小寺院的事务。被任命为山南总管后，益西土登立即召集辖区内各寺执事、各宗宗本、豁堆、百姓头人以及附近地区各户代表，宣示任命山南总管的目的和意义,并要求各喇嘛、头人、百姓等禀遵先祖善法,各守本分。山南总管在任命时没有俸禄,没有办公住所、驭马、起居用品等,甚至连文书写作也都由乃东宗文员兼职代办。这种情况一直到后来都没有变化。

山南总管益西土登铁面无私,执法如山,若有违法作乱情事,即使官僚富贵,也要施之体罚肉刑,平民百姓违法作乱,则还要罚其修路修桥等。据乃东孜措巴寺 86 岁老僧祥布格桑耳闻目睹,当年有个雪仲在尺古谿堆任内以苛捐杂税鱼肉百姓,忍无可忍的百姓便集体向山南总管请愿。益西土登在认真调查后,向噶厦政府报告"一个有头有脸的政府工作人员竟如此利欲熏心、鱼肉百姓",要求政府将其撤职查办并得到了噶厦政府的同意。扎尔桑阿曲林的强佐因与大贵族贡桑孜关系密切,便有恃无恐,为非作歹。有一次,该强佐从拉萨回来途中借宿扎其谿堆处时,竟将骡马放到庄稼地里,百姓不得已向山南总管状告求情,益西土登受理此案并做调查核实,待该强佐到达乃东时,令其将骡马交代给乃东驿站,并宣布将对其为非作歹事酌情予以体罚,后经乃东宗和曲沃列仲等极力求情,才免于体罚肉刑, 但根据从百姓中调查登记得来的种子量估算其产值,折合成银钱赔付给了受害百姓,百姓都高兴地说"这下比每年的收成还好了"。当时,到处都传言"山南总管把犯人用牛皮裹着投到江里"、"剁掉抽烟者的耳鼻并用线串起来示众",又传言"山南总管吃人"。其实,益西土登自己的本家也是个普通的政府差民,在他担任山南总管后,他家的状况也没发生什么变化,还将乃东曲沃的赶驴人久明次丹之子罗布平措作为侄女婿迎到家里，并让其当家作了主。从表面上看，益西土登执法如山，威风凛凛，实际上他非常关心平民百姓的生活疾苦，凛凛威风中深藏着仁慈之心。如有一段时间，雅隆地方盗匪猖獗人心惶惶。山南总管调查得知有几个盗匪团伙，并知道他们有个总头目叫贡觉后，组织力量将藏身于雅隆克麦林卡、卡拓、赛康、雅堆扎拉等处的盗匪一举抓获，并将乃东地区的定本、乃东宗的清洁工等召集到孜措巴寺大门口，宣布道：罪犯贡觉为非作歹，杀人越货，罪不容赦，从今天算起，7天后即将其用牛皮包裹，投江处决。在此之前，贡觉你须勤诵经文，向仁慈的观世音菩萨祈祷，我会让乃东宗负责提供你的膳食。又说：乃东地区的屠夫次仁要准备好牛皮，定本在押送犯人去娘古时，要准备两个吹号手，以便让周围百姓知道并来围观犯人的处决情况。乃东宗清洁工和房管员要看守好犯人，不得有误。据当时看守贡觉的人说：贡觉在关押的前两三天没有什么反应，到第五天时他开始念经祈祷，到第六天以后，他已经寝食不思，问他话也不回答，只是一个劲地瞪大眼睛高声诵经。到第7天时，乃东宗清洁工等拿着准备好的牛皮、吹着铜号将贡觉反绑着手押向刑场时，犯人贡觉一路盯着前面，一边疯子般摇摇晃晃，一边大声诵经祈祷。那天，乃东宗属贵族热孜巴的管家按照山南总管先前的约定，前来向总管说情并担保贡觉往后不会再为非作歹，并派热孜巴家的仆人到押送途中救回贡觉。贡觉已经被“保释”回来，但他在回来途中依然如疯子般大声诵经祈祷，而不相信自己已经被“救”了回来。到山南总管处，益西土登告诉他说:“你罪大恶极,罪不容赦,本来已经决定裹皮投江,但因热孜巴求情甚切,这回就免你一死,把你交给了热孜巴,热孜巴还作了你以后不会再犯法扰民的保证,你可要好自为之。”后来热孜巴让贡觉做他的马夫,贡觉也从此洗心革面,一生都对热孜巴忠心耿耿。

有一次,拉萨派来一阿仲带着路引来到山南,押送一杀人犯到隆孜宗属准旺古豁卡。路引上写着给阿仲支派一匹马,给罪犯支派一头黄牛或驴,该阿仲却从桑耶给犯人也要了匹马到准地方。山南总管益西土登得知后,便下令乃东驿站:待该阿仲到达乃东驿站时立即向总管报告。阿仲到达乃东后,驿站将其路引上交给了山南总管。阿仲要驿站支派马匹时,驿站告诉他路引被总管拿走了。阿仲到总管处取回路引时,总管问讯他并据其违规情形,罚他从乃东城中央向贡布日神山磕 100 个头,然后让阿仲自己背着行李物什、脖子上挂着铃铛,由乃东侍寝官吹着铜号一直赶到乃东桥,并罚他直到德庆不得申领马匹。

山南总管益西土登还检查、清理了平民百姓的各种债务,想方设法以罚金冲抵百姓欠寺院的债务,百姓欠个人的债务则以“鞭打”冲抵,并命令弁吏“不得重打”这些贫苦无依的百姓。按惯例,琼结县传驿事宜由五户差巴负责承担,并明文规定超额支派时要付佣金,但在果央巴任宗本期间,总是超额支派,却不付佣金。牧户迥措、果堆和查杂克如等按惯例要向琼结县交羊毛捐千余庹氆氇(质劣如纱),该宗本又总是向百姓摊派无偿劳役,将上交来的劣质氆氇全部拆散,然后重新纺织成优质氆氇。需要支派马匹时，按惯例也是先由附近条件较好的各差巴户支派，半年结算一次，支付各户相应的佣金，果央巴却不但不付给佣金，还准备鞭打要求支付佣金之人等等。做了许多为非作歹，鱼肉百姓的坏事。因此，日德雪、奔塘、强钦果充等人经过商议，向山南总管告状，益西土登便将其传至乃东并予以严厉惩罚。

水鼠年内乱时，一批乱军到达山南，住在泽当阿曲寺所属卓顿康萨、昌珠阿曲宫、琼结塞康等处。山南总管益西土登不敢待在则错寺，便带着当时在通卓寺学经的亲家——乃东敏吉家姑娘，携印逃往桑日宗容区境内普拉卡的山洞中，以书信方式秘密指挥抗击乱军等事务。

水猪年（1923年），遵照十三世达赖喇嘛的函示，益西土登从乃东曲沃等地借来马匹，去拉萨朝见达赖喇嘛。他到拉萨后，十三世达赖喇嘛令其暂住于拉萨，由罗布林卡马厩提供其乘骑。待他回山南时，十三世达赖喇嘛赠给益西土登一套法衣。于是，他通知乃东地区各僧俗人等，准备举行隆重的迎请法衣仪式。乃东杜基在格尔巴渡口搭建帐篷，举行简单的欢迎宴会，迎请并向法衣和山南总管益西土登敬献了哈达。朝拜法衣仪式结束后，寺院仪仗队将法衣迎请至山南总管所在的孜措巴寺，并作为供品保存在该寺。后来，在益西土登病重期间，十三世达赖喇嘛还特派江孜法王主持长寿仪轨，并派来一位锡金医生为他治病，但终因年事已高，于木鼠年（1924年）辞世。

第二任山南总管

第二任山南总管洛桑旺堆(浑名乌鸦)于木牛年(1926年)到任,按惯例住在孜措巴寺办公,后迁到乃东噶林西北角阿曲寺属地上新建的房子内。他的书法之好在僧俗民众中非常有名,他也充分发挥自己的优势,创办私塾,招收了附近地区殷实人家的子弟30余人传授书法。水鸡年(1933年),将隆孜县境内的贵族厦巴属地擦古璐封授给某寺院作为佛事基金,又将隆孜县境内的扎尔地方政府差地西热、奇孔、查斯、吉堆、普卓、甲热等六定作为补偿封授给贵族厦巴氏,派乃东曲沃格桑多吉作为山南总管的代表前去向贵族厦巴家夫婿才巴交代。当时,扎尔地方差民对将他们从政府差民改为贵族属民非常不满,讨论着要向噶厦政府请愿时,奔次定本曲塔和雪萨协俄朗杰贡布二人表示"平山头不如平人头",提议杀死才巴,得到众人同意。经商议,决定趁才巴回本家之机在某个隘口进行伏击。当才巴、白玛等主仆5人回家经由卜卜廷隘口时,普卓多颇洛钦和奔次次仁班久假装打招呼将才巴从马上拽下来,连打几棍使其昏厥不醒,仆人白玛开枪还击,但没有杀伤对手,仆人们均逃逸,才巴被打死,尸体被扔到山沟里。定本曲塔、朗杰、多科洛钦和次仁班久即去拉萨,准备向噶厦政府报告此事。他们到昌珠投宿时,厦巴家仆人贡布追赶过来并状告山南总管,山南总管便派前来拜见总管的扎囊·顿珠热丹班久为总管代表,带十余人到了昌珠。班久先要扎尔地方差民代表到山南总管处，待他们走出房门时一一抓捕。山南总管先将他们分别交给乃东各大差巴户和则错寺聂尔仓看管，后来罚以鞭刑，致使奔次曲塔腿残，另外两名代表则被打死。扎尔地方差民不堪忍受，又派吉堆噶玛等人为代表，准备秘密前往拉萨告状。此时，与厦巴有亲戚关系的译仓聂尔巴假装希望与代表们内部协商解决，并表示他已写好报告请求山南总管解决差民们的疾苦，只需代表们回去后督促总管办理就行，差民代表们被其假相所迷惑，返回到山南总管处，中途被一一抓获（译仓聂尔巴之所以如此与厦巴氏勾结，据说是因为他与厦巴家马官夫人通奸所致）。再度发生如此出人意料的情况，扎尔地方差民忍无可忍，再一次派出顿欧加措等为代表，经由扎囊秘密前往拉萨。当时，代表们在流沙河一带等候，趁十三世达赖喇嘛宠臣土登贡培前往扎细电机厂之机，将他们的疾苦面陈给他，得以将本案移到拉萨进行审理。但是，由于差民百姓没有靠山，只是逃脱了贵族厦巴氏的奴役，而没有其他任何成果，为处理这一事件从桑林拉章借来了大量款项，本息分摊给扎尔地方六定差户，他们在很长时间才还清。

有一次，山南总管亲赴洛扎地区检查寺院僧规，知悉该地拉隆寺不少僧人不守清规戒律，流窜到乡间与民女发生不正当关系，尽管寺院执事于傍晚时分检查各僧舍后关闭寺院大门，以防止此类事情发生，但也无济于事。山南总管调查清楚后，对不守戒律的僧人和与他们发生关系的民间女子罚以鞭笞，甚至那些已经有身孕的妇女也不例外，并将这些不守戒律的僧人开除出寺院，不但恢复了拉隆寺的僧规戒律,而且影响所及附近的寺院。山南总管在拉隆寺检查僧规戒律的一个多月时间里,由于需要供应总管及随从人员的膳食起居,也给当地僧俗民众造成了一定的负担。羊卓达龙寺原无寺院属民,寺院领地上的所有农活都要由僧尼自己干。山南总管到浪卡子检查时,决定并允许寺院将寺属领地租让出去,从每年的地租所得中分给每个僧人 16 尅粮食, 从出租寺院磨房所得中分给每个僧人 2 尅糌粑,从而保证了僧人专心学佛读经。山南总管又到错那宗检查寺院僧规情况,原先打算查清僧规戒律的遵守情况后,对症下药,恢复寺院的正常戒规。但经调查后,发现除了少数年轻者尚能遵守清规戒律外,年长的僧人绝大部分都有问题,有的甚至将民女留在自己的僧舍内居住。对此,山南总管分别进行了处罚,并让他们保证今后不再发生此类事情。山南总管在赴山南各地动员征召仲扎贵族士兵时,据说曾有不少贪污腐败行为,如他在洛扎地区征兵时,下令凡有家产章卡六朵者,必出一人进入仲扎贵族军营服役,按原先计划需要在当地征召 70 名,但在征召时,只要送给他足够的礼赠钱物,他便免其当兵入伍,而不能给他足够钱物者,便强令其出人当兵,最后竟只征召了 17 名。他在洛扎期间,为他提供服侍的差民百姓也得以沾光,过上了较好的生活,因此民间出现了不少讽刺说法。该总管于木猪年(1935 年)逝世。

第三任山南总管

第三任山南总管堪穷江央格桑于木猪年(1935年)底到任,照前任住在孜措巴寺。当时,一位英国先生随3个英国陪同、翻译贝尔及15名锡金人带着西藏地方政府签发的路引从拉萨经果拉山口来到泽当,本来已经在泽当寺属古松林卡内给他们安排好了住处,他们却搭建自己的帐篷住下,贝尔则遵照安排住在泽当村内更布洛桑江央家。他们在泽当住了两天。第一天,他们登上贡布日山,参观山上的猴子洞并在洞内外拍摄了很多照片,然后要求到据说是西藏第一块耕地的巴赖和萨然进行拍照,但当地百姓认为外国人对此二处耕地进行拍照将会损害该地地脂,便指给他们另外两处耕地,他们就对那两处百姓所指的耕地拍了照。后来又参观了泽当寺和阿曲寺,对附近的山川风景、村庄、街市等也拍了照。第二天,他们到山南总管处,给总管送了汽灯、座钟等,给乃东宗僧俗二宗本各送一台钟表,给二位措本每人30英镑钱,给更布每人15英镑钱。乃东杜基给他们送去100只鸡蛋,但他们没有收受。那些英国人说:“我们这次来是因为我们给噶厦政府赠送了枪弹而获得允准,并非随意而来。”那些英国人还去了杂日山,转了达拉协日神山,并对该地山林、湖泊、花草、果木、飞禽、走兽等拍了照。他们在返回泽当途中住在塔布加查境内拉隋豁堆属地江热卡拖,还说卡拖山上有很多矿石,尤其是水银储量大到足够全世界使用。他们还说如果把这块地方租让给英国50年,他们就会在此创办工厂,等50年后,就把工厂连同设备一起交还给西藏。另外,那些英国人还在拉加里地方第热寺附近进行了地质勘探并作了详细记录(据说我们的地质工作者在该地勘探时从地下挖出了具有英文标记的矿石)。6名英国人爬到琼结县境内的诺布日山上进行调查,发现诺布日山上有很多矿物,进行拍照并用石灰在山上作了大量标记,有些立石标记至今还能见到。他们还对该地方的水源进行调查,说诺布日山南侧一眼泉水的水在琼结地区是最好的。

此任山南总管偏听仆从所言,而从不过问仆从的行为。有一次,因他的仆从无视孜措巴寺的寺规,平日又总在村中流窜饮酒,孜措巴寺副第巴扎西平措便对其予以教训。总管仆从对此心存不服,向总管告状,总管竟不分青红皂白地训斥并殴打孜措巴寺第巴,第巴便向噶厦政府译仓列空状告山南总管。当时正值土登贡培和江洛坚公从流放地——工布则岗地区逃逸,噶厦政府就以山南总管看管不严为名,于火牛年(1937年)将其罢免。

第四任山南总管

达尔汗·坚赞平措于土虎年(1938年)在管理桑耶寺维修工程任上被委任为山南总管,系第四任山南总管。当时有五男二女7名德国人与翻译雪桑卡瓦·钦饶贡桑从拉萨经果拉山口来到泽当,搭用自带床铺板凳住在泽当康强林卡内,仆从5人则住在泽当寺的房子内。在泽当期间,他们去猴子洞、魔女洞、育仓洞等，到护法殿下看到镏金铜制的十三法轮、太阳和月亮造型饰物、两层高的佛塔时，他们说他们的祖先就在里面，还照了很多相。据藏族老人说，该佛塔内有菩提猴的颅骨作为总持。据说1960年查核时从该佛塔废墟内取走了一个颅骨，具体情况至今不详。那些德国人在格巴、撤热林卡内抓了画眉、鹤、乌鸦等飞禽，并雇人将这些飞禽放在笼子里带走了。两个德国人前去山南总管处，总管说他们年轻，他们说他们分别是20岁和25岁。他们曾希望找到班钦释嘉师全集，但没有人帮他们找到。另外三个德国人到扎囊，对在该地的强林大佛塔进行研究并拍照，还请人将记录有该塔初建时的面积、高度以及工程自奠基至竣工全部详细内容的典籍抄录下来，共抄录了100多页，并按每页藏币一个雪的标准付了抄录费。选录典籍的人叫巴珠，至今(1986年)还健在。该任山南总管年事已高，在任两年左右即于铁龙年(1940年)辞世。

第五任山南总管

第五任山南总管译师洛桑迥湘于铁蛇年(1941年)到任，照前例住在孜措巴寺。该任总管当时从总管所辖23个宗、谿征收钱粮作为经费，又从附近的乃东、琼结、扎其、扎囊、朵、温、桑耶、桑日8个宗、谿招来差民修建了山南总管办公会所，并制造、配备了各种设备。修建工程由乃东宗本负责，为预算修建费用等事，山南总管应乃东宗本之请求，召集各有关宗本、谿堆及主要负责人到乃东，在番仓寺进行商议。根据预算,修建总管办公会所所需经费过多,属民百姓无力承担如此大量的钱粮款项,便请求总管转呈噶厦政府解决修建费用。噶厦回复说:“立即停工,并令差民各回其所。噶厦政府也不考虑解决已支费用。”木猴年(1944年),山南总管因病回拉萨,据说就在拉萨谢世了。附近8个宗、谿接收总管办公会所及其设备时,因总管代理群则擅自将部分设备出售而引起纠纷,以桑耶宗土登列门为首的几个人准备鞭笞总管代理,因乃东曲沃执事格桑多吉求情而免施体罚,但令其赔补了由其处理的各类设备。

第六任山南总管

第六任山南总管堪穷土登强秋于木猴年(1944年)到任,到1949年共在任5年。此人比较稳重,仆从中也没有办事毛糙者。他到山南地区各个寺院主持开光典礼。堪钦东布青饶旺秋到山南各地检查寺院僧规,并令各寺堪布第巴保证各寺院遵守清规戒律后,便将这些寺院的事务转交给山南总管负责。该总管严格执行规定,对差民百姓也没有造成过重的负担。从第二至第五任山南总管,因没有固定的差民支应其日常起居用品,只能就近由附近宗、谿百姓支应差役,引起了附近差民的不满。因此,本任总管就此向噶厦政府提交了报告,以正其轨。噶厦回复说:“山南总管日常起居用品只能就近征取,不得远派他地。”总管堪穷土登强秋据此规定:由乃东宗属民提供草料5000斤,桑耶宗属民提供木柴5000斤,温谿卡属内提供木柴5000斤,琼结宗属内提供牛粪5000斤，并由各较远宗、谿征集柴草钱款。该总管对寺院僧规、社会治安的管理也较为严格。如色拉基索属内的两个人因偷盗而被关押，该基索属民的更布拉旺声称基索属民违规犯法应由更布处理，要求将两名偷盗犯交还给更布。山南总管对之曰：我在行使噶丹颇章政权赋予的权力，你要是能拿出免予服刑的铁券文书，可以放人，否则你本人也将一同缉拿归案。因此，该更布请求曲沃执事出面求情，才得以免去自己也被缉拿归案的命运，但仍未能免除适当的处罚，两名偷盗犯则被判处了肉刑。另外一些偷盗、抢劫和杀人的主、从犯也均被严刑处罚。因此，此任总管任期内山南各地社会治安良好，寺院的僧规戒律也得到了较好的遵守。

第七任山南总管

第七任山南总管堪穷土登桑布于土牛年（1949年）到任。前来西藏与地方政府和谈的汉人迟先生（音译）经由北路来藏，当他到达霍尔三十九族之一的艾杂毕索头人领地时，羌基（藏北总管）朵卡瓦派雪仲丹甲领路，携带路引将迟先生改领到山南，山南总管将其安排在乃东仓库留住。据说没过几日，迟先生经由格尔渡口径往拉萨而去，山南总管土登桑布骑马尾追，但迟先生已经翻过果噶拉山口而没能追上。本任总管在任期内负责新修了日乌曲林寺大殿、僧舍及甲萨拉康寺，还负责维修了雍布拉康宫。达扎摄政时将噶伦噶雪曲结尼玛流放到山南乃东宗境内，由扎什汉练兵押解到山南，总管按噶厦指令在乃东宗旧址内修建了上下两层的牢房及围墙，将其关押在楼下房内，楼上住看守。过一段时间后，看守让噶雪巴住在楼上看守房内，当时近侍贡培拉的管家热杰定居于乃东，便派其夫人的亲戚、一位名叫洛桑曲珍的妇女到牢房内陪侍噶雪巴。据说噶雪巴给了她500尅粮食，用以购置服饰等。一次山南总管亲自巡视时，发现噶雪巴住在看守房内，立即将噶雪巴关押到楼下，鞭笞看守，并改派了新的看守。当时噶雪巴留了两匹乘骑，据说总管也不让他留那两匹马。该总管在任内鱼肉百姓，甚至从屠夫处买肉时也不如数给钱，对其他手工业者也摊派了很多额外的差役。该总管于木马年(1954年)卸任。

第八任山南总管

第八任山南总管札萨克雪康·顿珠多吉于1954年藏历五月份到任。按规定，从木马年(1954年)开始，政府接管各宗、豁，各宗、豁每年收成由各宗、豁僧俗负责人征收入账，经总管核实后报噶厦政府改革局即可，而不必如往年那样麻烦。但是，琼结宗头目孜仲·阿旺贡桑本人和雪仲段果代理人贪心不死，在宗属各豁卡打谷完毕之际偷拿大量公粮，孜仲阿旺贡桑还声称交公粮袋不需要核实盖章，独断专行，破坏成规。各贵族头人见此不服，状告到山南总管，总管召集琼结宗二头目并严厉讯问后，将有关情况报告给噶厦，并按噶厦复文的要求将二人送交拉萨。经孜仲代理人巴珠、雪仲代理人强堆·坚赞平措、山南总管代表加桑强佐共同复查公粮及其他应交政府的收成并核实账簿后，向噶厦政府改革局作了报告。至于最后做了怎样的处理，地方头领并不知晓。

火猴年（1956年）成立山南地区及各县级办事机构时，本任总管在处理汉藏民族团结方面做得比较好。据当时身兼琼结宗雪康谿堆和佐扎二任的旺钦次仁说，火猴年（1956年）初王书记等来到泽当，与山南总管商议成立办事机构之事后，召集各宗、谿头目和各大寺院执事会议，确定总管办事处的人员安排，以山南总管为主任，正式组建了山南总办事处，下设有关各科和青年组织、妇女组织、干部学校等机构。在设立县级办事机构等事务中，该总管也配合王书记积极开展了工作。各宗、谿代表返回之际，他还告诉代表们，成立山南地区总办事处和各县办事处，是中央政府和西藏地方政府协商决定的大事，希望代表们回到各自的地方后，多做宣传，并确保不出现破坏办事处工作的情况。旺钦次仁当时身兼琼结宗雪康谿堆和佐扎二任，也被派回琼结去组建办事处。临行时，山南总管告诫他说："为组建琼结县办事处，地区派出了张主任等人员，你要注意处理好藏汉民族关系，千万不能出事。"琼结县办事处成立后，当时，有极少数分裂主义分子到处散布谣言，但雪康总管毫不动摇地坚持其爱国思想，坚持履行山南总管的职责，注意汉藏民族团结，积极投身工作。

第九任山南总管

第九任山南总管于火鸡年(1957年)到任,在任仅一年左右。他来山南上任时,地区委员会曾派车到格巴渡口迎接他,但他没坐地区委员会派去接他的车,而是如前任各总管那样,随前来迎接的乃东宗头目一起骑马而行。据说该总管到山南后,每当地区委员会召开会议邀请他参加时,总是不准时到会。后来,地区委员会在开会两三个小时之前通知他,他还是未准时到达会场。据说此任山南总管具有较强烈的汉藏对立思想,在他任内,山南地区的汉藏民族关系也没有处理好。土狗年(1958年),第珠拉章与游学辩经的哲蚌寺两位侍读堪布之间发生纠纷。当时,来自聂隆孜地方的几个年轻的游学辩经僧支持前来游学辩经的哲蚌寺两位侍读堪布。第珠拉章借口这些年轻僧人准备与其对抗,状告到山南总管处。该总管派自己的管家洛追为代表,前往聂隆孜地方。总管代表与第珠拉章的管家、隆孜宗代理宗本占堆相勾结,密谋组织宗府附近的青壮年人到游学辩经僧的住处,抓走侍读堪布和7名年轻的游学辩经僧,以柳条抽打这些年轻僧人并关押起来。经过层层求情后,将上述7位年轻僧人分别交给第珠拉章所属寺院,将侍读堪布带到山南总管处,把这次事件的根源归咎于侍读堪布,并对提供该堪布膳食起居的僧众进行了处罚。

第十任山南总管

第十任山南总管塔穷·土登却珠(亦称擦多瓦)和列参巴·觉结于土狗年(1958年)三月份到任,但因前任总管尚未交接完毕,他们暂时住在乃东宗内。当时,已经有不少康区叛匪来到山南,烧杀抢劫,极大地破坏了社会治安,两位新总管也向噶厦政府作了汇报,但噶厦方面没有做任何回复。当年四月,札萨克敏吉林巴及哲蚌、色拉、甘丹三大寺代表经由格巴渡口来到山南,札萨克敏吉林巴并随同两位山南总管找到山南地区委员会,说明他们是受地方政府委派前来教谕在山南的康巴叛匪,并表示在他们完成任务回拉萨时将向地区委员会汇报有关情况。后来,札萨克敏吉林巴和三大寺代表经琼结去了赤古,但在他们回拉萨时,并没有向地区委员会汇报他们在山南的工作情况,而是经由多颇章回到了拉萨。藏历八月份,孜本南木林巴、土登桑却及三大寺代表色拉堆巴堪布等来到山南,当时传闻他们是受地方政府委派前来阻止康区叛匪叛乱生事的,实际上他们来山南时就躲开正路,经由扎其南岭山谷去了琼结的强钦家。山南总管擦多瓦也去了琼结与他们聚头。后来,他们联合给山南地区委员会写了一份报告说:“山南地区只有少量康巴匪兵而没有匪兵头目,请地区委员会放心,等我们见到匪兵头目,即向地区委员会报告,并将各头目带到地区委员会。”实际上康区叛匪却在当天晚上就在泽当岗布地方发动了第一场叛乱活动。泽当阿曲寺管家希望山南总管擦多瓦设法阻止康巴叛匪扰乱民生时，总管擦多瓦曾说：“尽管我们理应为噶丹颇章政权政教各业的兴旺而尽力尽责，但他们好像并不信任我们，因为担任噶伦苏康家知宾的琼结东热瓦带来了一麻袋日期不明的噶厦路引。”这显然是另一种阴谋诡计。后来，堪穷土登桑却和孜本南木林巴、山南总管擦多瓦等去了在拉加里的康巴叛匪据点。不久，另一位山南总管觉结也带着乃东德吉康萨家的土多郎杰和乃东执事朗东·热强巴去了拉加里，康巴叛匪却以与汉人关系密切为由，将朗东·热强巴抓捕。朗东·热强巴欲逃离，跳崖而死。两位山南总管在赴隆孜之际，发文要求各宗、豁头人按指定日期到隆孜汇报工作，各宗、豁头人到达隆孜时，才知道根本不是汇报什么工作，真正的用意是要他们表态。西藏地方政府为反对在西藏进行民主改革，正准备与中央政府商谈，如果商谈未果，则准备发动群众与康巴叛匪一起进行武装对抗。在当时情况下，各宗、豁头人不得不表示同意并签名作了保证，向地方政府作了报告，还向三大寺发文请求支持。同时，他们还向日喀则、阿里三围、那曲、工布江达、拉黎、边坝等地发去了报告及动员信，并决定所有各宗、豁头人都到拉加里贡布康萨，向孜本南木林巴和堪穷土登桑却汇报各自的意见。土猪年（1959 年）藏历一月二十八日在贡布康萨聚头时，共有 98 名宗、豁头人，堪穷土登桑却没有参加当天的会议。孜本南木林巴在主持会议时说：“从康区德格等地开展三反两减运动的情况来看，毁坏了大批寺庙，抢夺民产，大批百姓流离失所，被迫下定决心扶老携幼地逃亡国外，大部分康区百姓正一批批地逃到印度去。西藏地方也逃脱不了这样的命运。为避免出现这种情况，西藏地方政府曾多次打报告给中央政府，要求举行和平谈判。中央驻藏代表正严肃讯问噶厦政府对这次叛乱如何打算，噶厦政府正苦于如何给他们一个明确的答复。”当时，琼结宗雪仲定云表示“希望中央政府考虑我们这次会议的提议，否则，如果要武力对抗，无论从人力还是从武器装备来说，我们都根本不是对手。”隔了一段时间后，他又表示自己当时不假思索地说了那些过头的丧气话，希望得到各方面的原谅。后来，孜本南木林巴、堪穷土登桑却和山南总管等去了隆孜，代表们则各自回到自己的地方，开始动员征兵工作：根据各宗、豁人口情况，征招 18~36 岁的男丁和寺庙僧兵，并命令他们统一集中到艾地方的喇镇寺。但是，由于康巴叛匪和人民解放军于当年藏历三月份在艾曲多强查地方交火，康巴叛匪被歼灭。

20世纪上叶在山南出生的藏医专家

藏医历算大师钦绕罗布

藏医历算大师钦绕罗布，于藏历第十五绕迥水羊年(1883年)，出生于山南甲萨寺附近的一个历算世家，父名章国列(又名孜巴阿吾棋)，母名央吉。出生后，父观其生日所逢星辰，知其生辰隐没于其头顶上，认为这是个吉兆，表明其子不是普通凡人，因而备加爱护。年岁稍大，就剃度出家，到山南泽当阿曲扎仓习文。在此期间，大师已显露出圆满的智慧、大慈大悲之品德，即对年幼者不欺压，对弱小者怜爱，对温顺者忍耐待之，对事业勤奋好进等唯佛徒具有的品德。不久，因所积善业之威德，钦绕罗布被选派到拉萨药王山医学利众院学习。到拉萨后，先拜药王山医学利众院医生阿旺曲丹为师，开始学习医学著作。正如在《原理论典慧学宝树》中所讲"图安乐要抛弃学问，求学问要抛弃安乐，安乐中岂能得到学问，求学问则不会有安乐"的名言一样，为了追求学问，大师不分昼夜奋发努力，不讲究衣食，过着清贫生活。那时，大师只有一件打结连起来的破旧衣服，因此，药王山的人给大师取绰号为"百结者"。由于他在学习上百折不挠、奋发图强，在很短的时间内.顺利通过了医书背诵、念经、法行等课程的考试。藏历火鸡年(1897

年），第十三世达赖喇嘛任命扎康·强巴土旺和后藏西嘎寺的甲普·当木曲班典二人为保健医生，并令其带徒传授，培养后继者，药王山扎仓根据达赖旨谕，第二次挑选学徒，则有曲巴·钦绕罗布、旦巴亚培和乌堆扎瓦尔寺的医生楚成年扎三人被选中。大师不仅拜扎康总堪布为师学习了《四部医典》及注释本《蓝琉璃》等医学著作，而且拜精通五明者措吉·多吉坚参、锡金活佛乌坚旦增加措、库奴活佛旦增坚参、巨白·吉加东增等为师学习藏医历算、语言、诗镜藏文文法等，他还因精通声明学而被授予“央金洁白朗措，即“妙音欢乐青年”之称号。那时，大师每天坚持到扎康总堪布、措吉·多吉坚参和锡金活佛乌坚旦增加措等三位大师跟前求学，从未间断。中午，把所学东西记牢后，方到街上买烧饼充饥，并在布达拉宫下面的石碑前休息片刻。然而，每次考试取得优异成绩时，就到“吉达”饭馆就餐以示欢庆，但吃饭之间仍手不释卷，绝不疏怠。若所学东西中有一样没有记熟，就鞭策自己昼夜背诵，且不进饮食，以示决心。这样，在不太长的时间内学问大长，博通广达。

铁狗年（1910年），大师29岁，担任了哲蚌寺医生，并开始研究医学著作，著书立说，取得了辉煌成就。在《医说人体线条月亮宝镜》这部医学著作的末尾，大师写道：“藏历铁狗年，本人年方29岁，开始担任哲蚌寺医生，其间本人以两个月时间在泽当康参马南侧的第二门仲家里，认真研究实践了《医学四论注释蓝琉璃》等医学著作，并进行著述。在对《四部医典》的某些方面，有新的领悟时，就用红线标出，用蓝笔加以旁注，并送交恩师多吉坚参审阅。恩师阅后，非常欣喜地教诲于我，我牢记恩师教导进行了真实可信的修改。”大师还著有广释根本论的《医学海洋之精华》、《简述草药形状稀奇金穗》、《婴儿接生法利众明月宝鉴》等著作。火龙年（1916年），第十三世达赖喇嘛为黎民百姓的根本利益着想，投入大批财物，创建了藏医历算学院，并任命钦绕罗布为药王山利众医学院院长。兼任藏医历算学院院长的钦绕罗布大师，名声及善事传遍四方，许多有志者都前来拜师。大师从各寺院、兵营、密乘僧院、青海、阿坝，甚至不丹、锡金、克什米尔和库奴等地先后招收弟子千余人，修业以医学为主，兼授正字法、诗镜论、文法和声明学等，并根据弟子们的不同情况分别讲授《菩提道炬论》、《诫玉书》、《劝学书》、《九乘要义》和《三要道》等著作。

尽管大师已经获得了大学者之美誉，但正如大海不厌其深一样，大师又先后拜果洛活佛甲曰锐白洛珠、参尼活佛甲白罗布、哲蚌康萨尔仁布栖、帕崩卡·德庆尼布、拉尊仁布栖、迦布吉·达玛森格之弟子晋美赤来活佛、格培活佛、甲央肯孜、左庆白追诸贤为师，灌顶传经，苦读受训，修《四部医典》、《时轮》和《宇妥之精华》等医学著作。正如《云乘王子》一书中所云：“各种欲愿博学所在处，听觉器官成为珍奇的宏大器皿，知识海洋之水，日夜流淌，也灌不满博学者之耳。”

土马年（1918年），达赖喇嘛御医堪穷甲普·党确白旦，因年事已高要求辞职，钦绕罗布大师在第十三世达赖喇嘛的特别器重之下，受命代替其职。那时，有一本达赖给大师的密信以及书信抄件和回复信件汇集成的大卷，据说现已丢失。第十三世达赖喇嘛圆寂前的水猴年(1932年),钦绕罗布大师的堪穷医生职务被无故罢免。直至次年,即水鸡年(1933年)达赖喇嘛因患感冒而圆寂后,大师才领悟到罢免职务,是为了避免蒙受敬献药物有误之罪,能够使自己继续继承发扬藏医历算事业,而作出的预见性的英明决策。

大师辑著的书除上述之外,还有《显明 < 四部医典 > 程序母虎锐气》、《广释 < 详解论 > 的明月宝镜》、《病名简述》、《阐明医学原本总纲要义之钥匙》、《< 外论 > 血脉之补充》、《剖刺脉道结论》、《治疗老年病的经验》、《南药及甲骨金石药材形状如意宝瓶》、《详解草药形状医生之宝物》、《简述草药形状稀奇金穗》、《配方功效汇综》、《配方甘露宝瓶》和《药味配制图表》等著作。大师称"此等著作为奉献给热心医学事业的初学青年而著,愿药师的大作《医学四论》之要义领悟透彻无误。"大师在历算方面的著作有土马年(1918年)写成的《历算类别要义》和《汉地历算缩论》等,并把这些著作亲自授予弟子们。时至今日,这些著作流传经久不衰,广为应用。另外,为了继承和发展藏医历算,还修复并重新绘制了第司·桑杰嘉措所制的79幅医学唐卡,为了学生学习方便,把脉络详图、火灸治疗法图样、体腔线条、罗扎·旦增罗布照人体所画图样、《四部医典》章节图案、时轮派世界图、日月星辰环绕运行图和诗镜中难作修饰法尽善圆圈等图画绘在藏医历算院大讲堂的墙上。特别是为了在实践中详细讲解和传授辨认草药经验,每年夏季(藏历七月一日至十五日),大师同药王山利众医学院的医生、藏医院的医生以及学生们（以后每隔一年同藏医院的医生和学生）一道赴多弟、森蛮拉、略那猜嘎和爷巴拉日等地采集药材，并在曲布的帐篷里让弟子们依次辨认300余种草药，根据辨认成绩排定名次。大师不仅继承和发扬了第司·桑杰嘉措开创的优良传统，而且主持了藏医院创建以来进行的三次大的生药材辨认考核。在第一次考核时，邀请了恩师扎康总堪布强巴土旺，扎康总堪布因看到考核举行的非常隆重，心中喜悦之情油然而生，赏赐给众医生一枚金币，授予文殊菩萨名号称呼的传承。钦绕罗布大师不仅对藏医历算的继承和发展作出了卓越的贡献，而且非常关心文化教育事业。大师制定了针对初学少年从读书写字抓起的教学方法，教正字法、文法、诗镜论、修饰法和梵文等课程，并在藏医历算院毕业时，根据考试成绩实行颁发证书的制度，使这些毕业生回到各地以后，能为民众卫生事业作出贡献。特别是1952年，大师70岁高龄时，写成了以菩提树为喻的《广释医学》一书，教育医生们要对医学精益求精，努力成为一名使病人脱离痛苦的良医。他在此书的“备考”里告诫说：不明人体状况者，恰似房东不了解房客；不懂人体性能者，恰似不懂机器之奥秘；不懂发病缘故，就不会分辨病症；不懂寒热之药性，就等于利害混杂不分；特别是不懂药效，等于亲友变仇敌；不懂疗法技艺，等于黑暗里的拳头无目标。故此，能灭除各种疾病，精通各种疗法的良医，应当受到恭敬。虽然一时间盛行的良药疗法、外科手术以及医疗器械使人们稀奇称赞，以至倾倒，但治疗能否得法，必有利害反映。本来各种病根及治疗法无不载明在《四部医典》里，只是因为条件所限，没有能发挥出其效益。人体外表上的残疾、畸形和肿块的发病根源除极少是外伤、皮破和骨损所引起之外，主要还是体内“龙”、“赤巴”、“培根”所引起。要准确地辨别一切病症，并要对症治疗，除透彻领悟上述之外，还要广泛学习其他国家的疗法及传统，方能成为一名解除病人痛苦的良医。大师怀着一颗为众生服务的善良之心，用许多比喻来告诫医生和弟子们，要重视病症的辨别，不要混淆消除病根的疗法，同时，要求学习传入的西医注射法和手术法等先进治疗技术。大师一生中著书立说，弘扬传统，发展藏医历算，布施穷人乞丐，对病人尽心竭力，始终坚持圣人之道。这正是“月亮使人除炎热，太阳使大地明亮；火之热，风之速；圣人仁爱之心，为他人谋利益，均是俱生的本性”（《如意宝树》）。“时常乐意为众生谋利者是人之杰，恰似宝灯不论油多少，灯芯粗细，直到把油无私地燃尽为止”（《智慧树》）。

1959年，即藏历土猪年，大师77岁高龄时正逢西藏民主改革。党和政府非常关心和重视扩建藏医院，委任钦绕罗布大师为藏医院院长，并当选为全国政协委员，受到了极大的重视和关怀。1962年12月24日，钦绕罗布大师与世长辞，享年80岁。

钦绕罗布大师一生培养的及门弟子和再传弟子中，先后出现的藏医历算师名次如下：苏嘎显密宗寺院的藏医师罗桑特克、山南德庆曲科林寺的历算师强白土多、哲蚌寺泽当嘎丹曲科的藏医历算师格丹白旦、山南敏珠林寺的藏医师土登白巴和江白、山南堆松热林寺的藏医师土登、羊卓桑顶寺的藏医师朗卓曲旺、多扎鹅哇木交嘎的历算师强巴、尼木杰极寺的历算师罗桑克觉、达布八日曲底寺的藏医师丹增、山南达杰林寺的历算师强巴曲扎、央金寺的藏医师白登杰参、尼木杰极寺的历算师益西曲培、曲白日寺的藏医师旺久多吉、芝贡羊日嘎尔的藏医师贡觉伦珠、琼结日吾曲林寺的藏医师罗桑丹巴、多布杰嘎丹绕杰的藏医师白登旦增、拉孜曲底的藏医师益西杰参、贡嘎曲底的历算师楚嘎曲觉和大师心传弟子、亲属土旦伦珠医生及门弟子堪穷罗旦曲扎医生、来参巴(御医职务)阿旺曲扎、来参巴医生云丹楚嘎、来参巴医生丹增曲扎、藏医院副院长贡嘎平措等。这正和《广释＜四部医典＞》里“如此一徒再传弟,利众事业无间断”的话一样,弟子们继承和发扬了尊师传授给他们的经验。大师的出现,无疑是医学宗师宇妥生前意愿的实现。愿众生摆脱病魔,永葆青春活力,安乐幸福,万事如意;也愿后辈不枉先师恩德,夜以继日为众生谋利,发扬藏医历算之传统。

藏医学家土登次仁

土登次仁,男,藏族,生于1908年,西藏山南人,藏医学家。曾任西藏自治区政协常委、自治区藏医院主任医师、中华全国中医学会西藏中藏医分会副会长等职,卒于1990年3月26日。

土登次仁10岁时,进入山南著名大寺庙——孜措巴寺,当了一名小僧人。当时,西藏几乎没有专门的教育机构。孜措巴寺附设的教育机构是山南的教育中心之一。土登次仁在这里学习藏文、藏医学、西藏历史、宗教学及其他文化知识。他的藏医学、文法(藏文)和历史课学业特别优异。14 岁时,土登次仁被孜措巴寺选派到拉萨药王山利众医学院学习藏医学。在药王山利众医学院,土登次仁师从名藏医格桑次仁和大藏医学家钦绕罗布,熟读藏医学经典著作《四部医典》,学医 5 年,完成学业。因成绩优异,被留在药王山,并开始行医。1941 年,土登次仁升任药王山利众医学院(当时,药王山利众医学院与“门孜康”即拉萨医学星算院共同构成全藏藏医学和天文历算中心)总管喇嘛兼老师(实为导师)。1962 年,土登次仁进入医学历算院(今西藏自治区藏医院)当医生。

在半个多世纪的行医生涯中,土登次仁积累了丰富的经验。作为一名优秀的藏医,土登次仁在藏医理论、藏药炮制、临床诊治等方面都达到了精深的程度。

土登次仁治学严谨,作风扎实。在药王山利众医学院学医期间,他不仅能背诵医典,更力求对医典的字、词、句、意、诀的透彻理解,并在采制药物和观察同行行医过程中,增强理解。在采制药物过程中,土登次仁特别注意药物的识别,严格按照规范工艺进行加工。每次制药,他都要认真弄清每一种药物的性状、主治功能等。自己不知道或不能完全弄清楚的,他就请教老师。每当诊病之后,对所开处方,往往都是亲手炮制,即便有徒弟代劳,他也要亲自指点,而且向徒弟作透彻的说明。一丝不苟的认真精神和严谨的治学作风,使他对各种藏药的主治功能、性味,以及各种药物剂量发生变化时的药效，都有十分透彻的了解。

土登次仁是藏医治疗瘫痪、癫痫、风湿性关节炎、胃溃疡等常见病的专家。上述几种疾病，在高原上发病率很高，是难治的常见病。土登次仁在半个多世纪的行医生涯中，绝大部分时间都在临床第一线，积累了丰富的临床经验。经他治疗的病人数以万计，最多时，每天甚至要为100多位病人看病。据跟他接触多的老藏医回忆，经他治疗过的病人，很少有见不到疗效的。1978年至1980年，土登次仁在西藏自治区藏医院工作期间，治疗下肢瘫痪、半身不遂、风湿性关节炎、胃溃疡4种病人达100多例。完全治愈者近50%，治疗有效率达到90%，在癫痫病的治疗上，土登次仁认为，这种病往往与“胆”有联系。他不仅按神经系统疾病进行治疗，还给患者服用了一些治疗“胆”病的药物。所治病人都收到明显效果。

在治疗溃疡病方面，土登次仁的方法比较独特，他要在一般治疗溃疡病的藏药中再加进一些硫磺。医疗实践证明，他的方法是很有效的。

土登次仁对病人病情的诊断之仔细、准确，为同行专家所诚服。藏医院的专家们认为土登次仁在病情的诊断和对药物的认识方面，都具有独到之处，尤其是善于辨证施治。

土登次仁十分重视人才的培养。他在临床实践中，把自己的经验和心得毫无保留地传授给别人。土登次仁的弟子中，许多人已成为西藏自治区藏医院的技术骨干。

药浴疗法是藏医外治方法的一种。这种治疗方法，需要有 100 多种藏药。但对于不同的病人，必须有不同的配方。土登次仁精于药浴疗法。他在治疗偏瘫、下肢瘫痪等类患者时，往往采用这种方法，而且疗效显著。“文革”期间，药浴疗法中断，“文革”以后，他带领 20 多位医务人员，恢复了这种疗法。他把这种技术毫无保留地传给了多位医务人员，从而为医院培养了一批药浴疗法的技术人员。

在藏医理论方面，土登次仁造诣很深。他撰写的《藏医治疗肾脏病经验》、《各种疾病治法综述》等学术论文，在藏医界产生了很大影响。他还参加编写了《新编藏医学》、《藏医胃溃疡疗法》、《赤脚医生藏药配方新编》、《国家药典藏药标准》、六省区《藏药地方标准》等书。

1979 年，他担任了《中国医学百科全书·藏医分卷》的主编，除了审改全部稿件外，他自己还撰写了《医德》和《治疗法则》两部分。他和益西坚参主任药师合著的《藏医史简编》一书，也被收入这部百科全书。

和其他著名藏医学家一样，土登次仁医德高尚。虽然早已是一位名医，但他对普通百姓的病痛，却是特别的关照，深受藏族人民的爱戴。

藏医药专家贡嘎平措

贡嘎平措，藏历火马年(1906 年)出生于西藏贡嘎县一个差民家中，1980 年任藏医主任医师，后任西藏自治区藏医院副院长，卒于 1990 年 8 月 11 日。

藏历土羊年(1919 年)，贡嘎平措被当地热穷扎仓僧院选送到拉萨“门孜康”学习藏医和藏历历算，是著名藏医学家、藏历历算学家、拉萨“门孜康”的创建人钦绕罗布的亲传弟子。在名医的教导下，贡嘎平措熟读并系统地掌握了藏医药学理论。1929年，以优异的成绩通过了“门孜康”举行的藏医历算毕业的严格考试之后，在热穷扎仓僧院行医一个时期，他又回到“门孜康”从事藏医、历算和教学工作。通过较短时间的刻苦钻研和临床实践，他积累了丰富的医疗经验，逐渐成为一名闻名遐迩的藏医。

西藏民主改革后，在党和国家正确方针的指导下，拉萨“门孜康”发生了巨大变化，规模不断扩大，先后由“门孜康”改为1953年后的拉萨市藏医院和1979年的自治区藏医院，并附设了藏药制药厂、藏医研究所和藏历历算研究所。服务方向和范围也由过去主要为上层少数人服务，变为面向社会，为人民服务。民主改革后的变化使贡嘎平措真正理解到了藏医对社会的重要作用，看到了藏医事业的光明前途，使他更加热爱自己所从事的专业，为人民的健康和发展藏医事业，他更加努力地工作。

贡嘎平措自1962年担任藏医院副院长以来，挽救了许多疑难重症患者的生命。贡嘎平措对治疗神经、精神系统疾病有独到之处，他根据藏医理论体系中的“龙”、“培根”、“赤巴”三大因素在人体内的相互作用机理，恰当地运用藏医的“九种疗法”，通过调节平衡人体各因素，而对神经、精神系统的疾病取得了较好的疗效。贡嘎平措通过长期临床观察、实践，认为癫痫的发生是由于“森”（藏医的一个医学术语）引起的。“森”是人先天就有的，存在于人体的血液之中，由于饮食或起居不当，这种“森”活跃起来，破坏了“龙”和“赤巴”之间的平衡，导致了“龙”型癫痫或“赤巴”型癫痫的发生。基于此认识，他对“赤巴”型癫痫用“黑冰片”治疗，对“龙”型癫痫用“八味沉香”、“五味麝香”治疗，有效率在80%以上，部分患者可获得根治。对各种类型的精神分裂症，贡嘎平措运用“十一味维命丸”等安心定神的藏药，配合艾灸“长胸格娜”穴可以在短期内控制精神分裂症的症状，有不少病人症状可不再复发。对顽固性的膈肌痉挛、神经衰弱病及各种原因引起的失眠症，他也有一套较好的医治办法。

贡嘎平措运用藏医对疾病在季节以及昼夜的变化规律（如“龙”病发作或加重多在傍晚、黎明，“赤巴”病发作加重多在中午和半夜，“培根”病发作加重多在早上、半夜与傍晚之间），采用早服“二十五味珊瑚丸”、午服“三十一味珍珠丸”、晚服“二十味沉香丸”，使瘫痪病人舒通经脉。特别是对脑血管意外后遗症半身不遂，他用以上药方再加配服用其他药物，并进行药水浴，能使患者较快地恢复肢体活动。

胃、十二指肠溃疡病及胃下垂，是西藏地区的常见病，多发病。在长期的医疗实践中，贡嘎平措摸索总结出了独到的治疗办法，其疗效是显著的。

在诊治疾病的方法上，贡嘎平措十分注重人是一个有机的整体。主张在分析病情和开方用药上要有全局观念，正确认识致病的内外因素，抓住时机及时而恰当的处理病情，治疗方法上不拘一格。内治、外治、饮食、起居兼而顾之，综合平衡人体的内环境。贡嘎平措对病人都是一视同仁。据初步统计，通过书信形式，他先后为国内或国外患者诊治疾病无数次，获得较好的效果和评价。

贡嘎平措虽自幼学的是藏医，但他不固于一家之言，不拘于一得之见，很注意吸取其他医术的长处。在他二十多岁时，曾到外国人在西藏拉萨开办的医院里学习西医，用了近 3 年时间，他基本上掌握了西医的基础理论知识，并运用于防病治病之中。他主张吸取西医长处，并认为要使藏医学有所突破，必须向其他医学学习。

贡嘎平措为人耿直，治学严谨。他对学生要求是非常严格而认真的，并且重视对学生的医德教育和培训。

贡嘎平措曾先后参加编写多种藏医书籍，如《藏医赤脚医生配方》和《中国医药百科全书·藏医分卷》的校勘，1965 年和 1979 年，先后撰写了藏医药防治流行性感冒病、藏医治疗胃溃疡等论文。

贡嘎平措既是一位藏医学家，也是一位爱国者。1985 年他去印度、锡金等国探亲，尽管有人想说服他留在国外，但他坚决拒绝了，并且未满假期就提前返回祖国。

1983 年以来，贡嘎平措当选为全国政协委员、西藏自治区政协常委，并担任了中国科学技术协会委员、西藏中藏医学会名誉会长、西藏天文历算学会会长等职务。

加央伦珠

加央伦珠，1938 年出生，系西藏山南隆子县雪坡乡人，出身于书香门第、医学世家，其父玛琼森嘎为著名藏医学家。加央伦珠大师11岁开始跟随父亲学习藏医药理论知识：为了吸取更多更深的藏语文学知识，1952他在加查县达布扎寺当僧人，并继续学习藏医药理论知识。1960年由于历史原因被关拘在自治区第二监狱；在狱中有幸在当代藏医大师（现任自治区藏医学院院长）措如·才朗的门下继续学习和研究藏医药学：1972年平反后，参加工作，在第二监狱行医：1983年被聘请到山南地区藏医院工作：1988年被自治区人民政府聘任为藏医副主任医师、现任西藏自治区政协委员、山南地区政协委员。西藏藏医学院硕士研究生导师。从医四十余年，他有着很深的藏医药理论知识和实际操作经验，特别是能够熟练地研制出以“哇台”为主的各种藏药，临床上基于古方又不拘泥于古方，尤其对心脑血管、糖尿病具有独到经验和药物配方。曾多次应邀前往首都北京、台湾、意大利等地进行学术交流，深受国内外专家的好评。1992年荣获国务院特殊津贴。主要论文有：1993年撰写的《研制水银灰剂实践论》被自治区科协授予优秀论文。1994年9月被国家卫生部、人事司、科学教育司等四个单位授予“边远地区优秀医学科技工作者”称号。

格桑平措

格桑平措，1945年出生，系西藏山南贡嘎县人，1966年毕业于拉萨藏医院。毕业后先后在自治区藏医院、山南地区人民医院藏医科工作。1982成立山南藏医院后担任院长,他是山南藏医院的奠基者之一。现任山南藏医院院长兼党委副书记、西藏藏医学院硕士研究生导师、中华医学会西藏分会理事、国家民族医药学会理事、政协山南地区委员,曾任自治区第五、六届人民代表大会代表、藏医主任医师等职。

山南藏医院在他的带领下经过20年的努力,如今已发展成为集医疗、卫生、预防、教学、科研为一体的现代化民族医院,曾多次获得部级和省级荣誉证书。1996年经国家中医管理局验收达标合格,列入"全国藏医示范医院",目前正在努力争创二甲医院。他有着丰富的藏医理论知识和实践经验,特别是对萎缩性胃炎、高血压、高血脂等疑难病症有着三十多年的临床诊治经验,并由他自己亲自研制专治上述疾病的新藏成药,目前已在进一步研究推广使用,取得了明显的临床疗效。另外他还发表过《藏医对治疗肿瘤的经验》、《浅谈结核病的诊治经验》,尤其是《科学分析人尿对治病功能的探讨》一文在2000年国际藏医药学术上荣获优秀论文。2001年中国医学基金会授予"医德风范"奖。

群培旺久

群培旺久,1947年出生,系西藏山南乃东县结巴乡人。早年在哲蚌寺学习,1963年在拉萨藏医院学医。1966年毕业于拉萨藏医院,毕业后先后在拉萨藏医院和乃东县人民医院藏医科工作。1985年山南藏医院成立后,被聘请到该院工作。1987年被山南地区行署聘任为山南藏医院内科主治医师。现任住院部主任兼内科副主任医师。从医三十多年来,他在医术上精益求精,诊治疾病方面以自身丰富的藏医理论知识为指导,结合不同病种,对症性的在治病上随症加减,审慎严谨,疗效显著,深得广大患者的信赖,尤擅长内科杂病的诊治。主要论文有《浅谈各种胃病的临床分析》、《胆石症的诊治》、《急性阵发性腹痛的诊治》、《常见溃疡病的治疗体会》、《藏西医结合分析高血压》。

强巴旦增

强巴旦增,1942年出生, 系西藏山南乃东县泽当镇人。早年随父学习藏文,1959至1962年在山南医训班学习,1962年至1972年在地区公安处农场当卫生员。1972年至1985年在地区人民医院当外科医生, 并任外科副主任。1985年因工作需要调到山南藏医院。1987年担任藏医院副院长。1997年被评为藏西医结合副主任医师。从事外科工作30年来,不仅理论功底深厚,而且有着丰富的实践经验,临床上他有较高的骨外科为主的西医手术技能。特别是用藏西医结合的方法来治疗外伤为主的各种疾病,疗效显著,深受广大患者的好评。发表过的主要论文有:《建立民族医院发展祖国医学》、《突出特色,走出高原》、《谈藏西医结合方法, 发展民族医学的设想)、《在新时期如何管理藏医药方面的初步设想》，尤其是《藏医药立足市场初探》一文分别在2000年国际藏医药学术会上获论文证书，同时在香港国际传统医学学术会上荣获金奖，在北京召开的第五届传统医学会上荣获三等奖。

阿旺群培

阿旺群培，1930年出生，别名：土登群培，系西藏山南乃东县泽当镇人。早年在山南乃东县泽当阿曲寺出家，于1945年在拉萨藏医院学习藏医，曾经还在国内外有名的西藏自治区藏医院第一任院长钦绕罗布门下学习，尽得其真传。1955年毕业于拉萨门孜康，于1964年开始在米林县医院工作，1985年山南藏医院成立后聘请到山南藏医院工作。1988年被山南地区行署聘任为主治医师。1993年被自治区人民政府聘任为副主任医师。从医三十多年来，他有着很深的藏医理论知识和丰富的实践经验，尤其在胃溃疡、癫痫等疾病方面有过较深的研究和独特疗法，为此他还著有《胃溃疡治疗新法》、《小儿麻痹症治疗》等。曾参加过第二、第四届藏医学术经验交流大会；参加过山南地区医学五分会藏医学术会；参加了首届山南地区防治结核病的经验交流会，因此也得到了上级部门的认可，先后在拉萨藏医院、米林县医院、山南藏医院工作期间，曾多次评为先进工作者。其主要著作有《藏医治疗学》、《如何对中毒患者进行止痛》。

嘎玛群旦

嘎玛群旦，1939 年出生，别名：格桑仁增，系西藏山南加查县巴达乡人，早年在拉普寺学习，1959 年参加工作，1960 年由于历史原因被关押在自治区第二监狱，入狱期间在当代藏医大师措如·才朗门下学习藏医藏药以及藏文基础理论知识。平反后曾在第二监狱行医，1987 年调到山南藏医院工作，任山南藏医院副主任药剂师，从医二十多年来，先后担任了住院部主任和制剂室负责人。在住院部期间为了提高治疗效果，他带领年青医生开始使用放血、火灸、药浴等方法，大大提高了临床疗效，也为藏医五械法得以继承和发展奠定了基础，他所培养的不少年青医师现能独立进行上述操作。在药理方面以他为首的该院药事管理会的技术指导下，制剂室先后生产出了包括水银在内的八种重金属物的灰剂，以及珍珠七十在内的各种名贵藏药和普通藏成药，他针对水银中毒患者研制的《十味解毒丸》荣获自治区级科技进步奖。

强巴列西

强巴列西，1933 年出生，别名：旦增边觉，系西藏山南乃东县亚堆乡人。早年在亚堆乡曲德贡寺学习藏医学后，来为进一步提高藏医理论知识，到拉萨药王山藏医利众学院学习藏医，学成后，先后在亚堆、曲德贡寺和亚堆乡卫生院工作。于 1982 年被聘请到山南藏医院工作。1987 年被地区行署聘任为藏医主治医师，临床上主要是在五官疾病，尤其是眼科方面作了大量的研究，并积累了丰富的经验，配制了独特的药方，疗效显著，深受广大患者的信赖。

赤列特庆

赤列特庆，1926年出生，系西藏山南隆子县列麦乡人，早年在隆子县桑庆寺学经，1943年开始同强巴赤列一起在拉萨藏医院学习藏医。1960年由于历史原因被关押在自治区第二监狱，平反后，在隆子县列麦公社行医。1983年被聘请到山南地区藏医院工作，任藏医院内科副主任医师，他对藏医学有着比较深刻的研究和丰富的临床实践，尤其对治疗高血压疾病有其独特的疗法，深受广大患者的好评。

强巴明朗

强巴明朗，1921年出生，西藏山南乃东县人，早年在拉萨药王山藏医利众学院学习藏医和内明学，后在雅砻颇章一带行医。后来又被聘请到山南藏医院工作。他凭借自身丰富的藏医理论知识和多年的临床实践在治疗其他疾病的同时，专门研究脑神经方面的疑难疾病，包括癫痫、面部神经麻痹、偏瘫等取得了很好的临床疗效。

拉巴珠久

拉巴珠久，1930年出生，别名：热托医生，系西藏山南隆子县热荣乡色贡村人。早年在哲蚌寺学经，于1944年至1959年在扎囊敏珠林寺学习内明学、天文历算学、藏医学等，经过几年的苦读，尤其在藏医学方面成就显著，起初在家乡行医，后来被聘请到山南藏医院工作，他在治疗疾病方面凭借自身丰富的藏医理论知识和多年的实践经验，擅长运用藏医南派（索康）的理论观点和治疗原则，专门研究南派的理论体系，尤其对脉管炎的研究和诊疗方面具有独到之处。关于这一方面还著有《脉管炎的治疗体会》。

曲　白

曲白，1926年出生，系隆子县加玉嘎乡拉人。早年在错那县扎西铜明寺学习经文的同时，自学藏医《四部医典》理论，后来曾在隆子县人民医院工作，经过多年的临床实践，结合藏医学的理论知识专门研究胃溃疡的治疗。被聘请到山南藏医院后，主要在胃溃疡方面进行进一步的研究和探索，积累了丰富的经验，取得了很好的临床疗效。同时也培养和造就了不少这方面的青年医师。

索朗格桑

索朗格桑，1940年出生，别名：塔堆，系乃东县东嘎乡人，早年在乃东县泽措寺当喇嘛，后来到拉萨藏医院学习藏医，毕业后曾在拉萨藏医院工作，1982年因工作需要调到山南藏医院，主要负责研究和管理藏药，尤其善于按照《四部医典》理论知识，分析和识别各种藏药材，还精心培养和造就了这方面的青年药剂专业人员。

强巴次成

强巴次成，1928年出生，系山南泽当人，早年在泽当阿曲寺出家，后来在拉萨门孜康学习藏医《四部医典》等理论知识，并圆满完成了所学的内容，获得当时的地方政府发给的毕业证书，1982年因工作需要调到山南藏医院，从医三十多年来，他主要研究藏医“三因”学说之一的有关“隆”方面的疾病，尤其是对现代医学所称的“颈椎病”等由“隆”引起的各种疾病有深入研究，治疗过的患者普遍疗效显著。主要作品有《藏医三因学说之一“隆”病学》。

20 世纪 30~50 年代山南藏医专家名录

序号	姓　名	地　址
1	桑布	错那扎同寺
2	顿举	错那扎同寺
3	群培	错那扎同寺
4	坚参	错那扎同寺
5	土丹桑布	错那卡达寺
6	晋美仓巴	错那卡达寺
7	江央扎西	错那贡巴孜
8	江央	错那贡巴孜
9	绕杰	错那贡巴孜
10	晋美伦珠	错那觉拉
11	嘎玛朗珍	措美玛乌觉寺
12	丹增	措美乃西寺
13	达曲	措美卓德寺
14	旺典	措美卓德
15	果钦	措美雪拉
16	桑丹	琼结却
17	旺久多吉	琼结白热
18	丹巴坚参	琼结白热

20世纪30~50年代山南藏医专家名录

序号	姓　名	地　址
19	伍金	琼结白热
20	洛桑强巴(多多)	琼结日沃德庆寺
21	洛桑土旺	琼结日沃德庆寺
22	旺久	琼结日沃德庆寺
23	旺久	琼结差萨
24	塔青	贡嘎谢珠林
25	格桑朗珍	贡嘎顿布曲果
26	云丹	贡嘎顿布曲果
27	白玛	贡嘎顿布曲果
28	次仁维色	贡嘎顿布曲果
29	那桑	贡嘎松热林
30	伦珠坚参	贡嘎松热林
31	阿旺丹增	贡嘎松热林
32	囊绕门巴	贡嘎囊绕达布扎仓
33	丹增洛色	贡嘎色唐
34	崔成丹增	贡嘎吉雄甲日
35	格桑曲杰	贡嘎县
36	格桑坚参	贡嘎县

20 世纪 30~50 年代山南藏医专家名录

序号	姓　名	地　址
37	土嘎	贡嘎热麦寺
38	崔成群觉	贡嘎曲德寺
39	米邦益西	贡嘎德庆曲果
40	岗医生	贡嘎德庆曲果
41	格勒寺医生	贡嘎德庆曲果
42	格桑金巴	贡嘎姜唐
43	赤来曲杰	贡嘎姜唐
44	巴桑次仁	贡嘎多扎
45	洛追坚参	贡嘎称果
46	云丹崔成	贡嘎
47	益西丹巴	洛扎顿尼林
48	丹增(窝嘎)	洛扎拉隆寺
49	群典	洛扎拉隆寺
50	益西	洛扎顿尼林
51	多吉次仁(色热)	洛扎本巴
52	丹增索朗	洛扎拉康
53	伦珠丹达	亚堆达杰林寺
54	强巴列谢	亚堆达杰林寺

20世纪30~50年代山南藏医专家名录

序号	姓　名	地　址
55	强巴满朗	亚堆达杰林寺
56	洛桑旺堆	亚堆达杰林寺
57	次若	亚堆达杰林寺
58	洛桑桑丹	亚堆达杰林寺
59	尼莫巴	亚堆达杰林寺
60	钦绕罗布	泽当阿曲寺
61	格桑云丹	泽当阿曲寺
62	强巴崔成	泽当阿曲寺
63	阿旺群培	泽当阿曲寺
64	强巴朗杰	泽当阿曲寺
65	土丹次仁	乃东孜措巴寺
66	索格桑	乃东孜措巴寺
67	益西坚参	乃东孜措巴寺
68	洛旺旺久	温曲顶拉章
69	土丹次仁	温曲顶拉章
70	洛桑达扎	温曲顶拉章
71	亚培	温曲顶拉章
72	格桑顿珠	雅砻扎西曲德寺

20 世纪 30~50 年代山南藏医专家名录

序号	姓　名	地　址
73	更顿	雅砻扎西曲德寺
74	洛桑丹巴	雅砻日乌曲林寺
75	朗杰	朵颇章
76	次仁旺堆	扎囊结林措巴
77	加措	扎囊结林措巴
78	阿旺丹培	扎囊顶布钦寺
79	久美曲旺	扎囊顶布钦寺
80	阿旺朗珍	扎囊顶布钦寺
81	其美土多	扎囊顶布钦寺
82	贡桑曲扎	扎囊吉如
83	阿旺洛桑格桑	扎囊诺培寺
84	云丹群培	扎囊扎满
85	丹真旺杰	扎囊项岗寺
86	布丹增	扎其
87	阿旺平措	扎其
88	门孜堪琼	扎其
89	洛桑崔成	扎其敏珠
90	仁青桑布	扎其聪堆

20世纪30~50年代山南藏医专家名录

序号	姓　名	地　址
91	久美群增	扎其敏珠林
92	格列	扎其敏珠林
93	拉巴珠久	扎其敏珠林
94	云丹平措	扎其敏珠林
95	洛追加措	扎其敏珠林
96	米邦加措	扎其敏珠林
97	果吉多增	扎其敏珠林
98	德庆群增	扎其敏珠林
99	土丹边巴	扎其敏珠林
100	伍金群培	扎其敏珠林
101	钦孜诺布	扎其敏珠林
102	贡桑群培	扎囊
103	扎西加措	扎其聪堆措巴
104	达娃平措	桑耶寺
105	贡嘎平措	桑耶寺
106	阿旺丹增	扎囊萨普
107	仁增群培	浪卡孜桑顶寺
108	阿旺西绕	浪卡孜

20世纪30~50年代山南藏医专家名录

序号	姓　名	地　址
109	阿旺念扎	浪卡孜
110	洛桑加措	浪卡孜
111	白玛	浪卡孜阿扎
112	遵珠	浪卡孜白底
113	爸啦	浪卡孜诺林康
114	若杰	朗县古绕朗杰
115	土丹夏加	朗县嘎绕寺
116	多培	朗县
117	江央	朗县
118	阿达	加查藏木康萨
119	德布荣门巴	加查德布荣
120	达拉吉门巴	加查
121	诺桑	隆孜
122	达娃杰布	隆孜白嘎寺
123	辟钦	隆孜丢热寺
124	丹增	隆孜加庄
125	确吉森格	隆孜秀波
126	朗杰	隆孜桑林

20世纪30~50年代山南藏医专家名录

序号	姓　名	地　址
127	丹增诺布	隆孜日当
128	格桑次仁	隆孜知来
129	白贡医生	隆孜甲玉
130	益西	隆孜白嘎寺
131	甲擦木门巴	隆孜甲玉
132	洛桑索巴	隆孜桑钦寺
133	赤列它青	隆孜桑钦寺
134	崔成坚参	隆孜日当
135	桑阿	隆孜色吉寺
136	加布庄门巴	隆孜加布庄
137	边典	隆孜桑林寺
138	斯司	隆孜桑林寺
139	仁增群培	桑日切嘎曲德
140	白玛桑杰	桑日擦日追
141	次嘎	达日贡德林
142	洛桑桑丹	桑日切嘎曲德
143	土丹绕杰	桑日
144	强巴列谢	桑日

20 世纪 30~50 年代山南藏医专家名录

序号	姓　名	地　址
145	益琼	曲松
146	伍金	曲松贡康萨
147	格桑次仁	曲松
148	扎乃门巴	曲松扎乃
149	洛桑益念	曲松
150	觉	乃东本藏
151	桑丹丹增	乃东本藏

图书在版编目(CIP)数据

山南文史资料选辑.第3辑/山南地区政协文史资料编委会编.-拉萨:西藏人民出版社,2009.9
ISBN 978-7-223-02732-8

Ⅰ.山… Ⅱ.山 … Ⅲ.文史资料-山南地区 Ⅳ.K297.52

中国版本图书馆CIP数据核字(2009)第147172号

山南文史资料选辑(第三辑)

编　　著　山南地区政协文史资料编委会
责任编辑　张世文
封面设计　阿　曲
电脑排版　周正权
出版发行　西藏人民出版社(拉萨市林廓北路20号)
印　　刷　西藏山水印务技术有限公司
开　　本　850×1168　1/32
印　　张　4.375
字　　数　88千
版　　次　2009年9月第1版
印　　次　2009年9月第1次印刷
印　　数　01-2,500
书　　号　ISBN978-7-223-02732-8
定　　价　12.00元